APPOINTMENT!

APPOINTMENT!

D1210870

catana comics™
little moments
of
love.

16-Month Weekly/Monthly Planner
September 2022–December 2023

Andrews McMeel
PUBLISHING®

Phases of the moon and start dates for the seasons of the year are presented in Universal Time.

Every effort has been made to ensure the accuracy of listed holiday dates; however, some may have changed after publication for official or cultural reasons.

www.andrewsmcmeel.com

ISBN: 978-1-5248-7339-4

2023

JANUARY

S	M	T	W	T	F	S
1	2	3	4	5	6	7
8	9	10	11	12	13	14
15	16	17	18	19	20	21
22	23	24	25	26	27	28
29	30	31				

FEBRUARY

S	M	T	W	T	F	S
			1	2	3	4
5	6	7	8	9	10	11
12	13	14	15	16	17	18
19	20	21	22	23	24	25
26	27	28				

MARCH

S	M	T	W	T	F	S
			1	2	3	4
5	6	7	8	9	10	11
12	13	14	15	16	17	18
19	20	21	22	23	24	25
26	27	28	29	30	31	

APRIL

S	M	T	W	T	F	S
						1
2	3	4	5	6	7	8
9	10	11	12	13	14	15
16	17	18	19	20	21	22
23	24	25	26	27	28	29
30						

MAY

S	M	T	W	T	F	S
	1	2	3	4	5	6
7	8	9	10	11	12	13
14	15	16	17	18	19	20
21	22	23	24	25	26	27
28	29	30	31			

JUNE

S	M	T	W	T	F	S
				1	2	3
4	5	6	7	8	9	10
11	12	13	14	15	16	17
18	19	20	21	22	23	24
25	26	27	28	29	30	

JULY

S	M	T	W	T	F	S
						1
2	3	4	5	6	7	8
9	10	11	12	13	14	15
16	17	18	19	20	21	22
23	24	25	26	27	28	29
30	31					

AUGUST

S	M	T	W	T	F	S
		1	2	3	4	5
6	7	8	9	10	11	12
13	14	15	16	17	18	19
20	21	22	23	24	25	26
27	28	29	30	31		

SEPTEMBER

S	M	T	W	T	F	S
					1	2
3	4	5	6	7	8	9
10	11	12	13	14	15	16
17	18	19	20	21	22	23
24	25	26	27	28	29	30

OCTOBER

S	M	T	W	T	F	S
1	2	3	4	5	6	7
8	9	10	11	12	13	14
15	16	17	18	19	20	21
22	23	24	25	26	27	28
29	30	31				

NOVEMBER

S	M	T	W	T	F	S
			1	2	3	4
5	6	7	8	9	10	11
12	13	14	15	16	17	18
19	20	21	22	23	24	25
26	27	28	29	30		

DECEMBER

S	M	T	W	T	F	S
					1	2
3	4	5	6	7	8	9
10	11	12	13	14	15	16
17	18	19	20	21	22	23
24	25	26	27	28	29	30
31						

SEPTEMBER 2022

SUNDAY	MONDAY	TUESDAY	WEDNESDAY	THURSDAY	FRIDAY	SATURDAY
GOALS				**1**	**2**	**3** ◑ First Quarter
4 Father's Day (Australia, NZ)	**5** Labor Day (USA, Canada)	**6**	**7**	**8**	**9**	**10** ○ Full Moon
11	**12**	**13**	**14**	**15**	**16**	**17** ◐ Last Quarter
18	**19**	**20**	**21** U.N. International Day of Peace	**22**	**23** Autumnal Equinox	**24**
25 ● New Moon Rosh Hashanah (begins at sundown)	**26** Queen's Birthday (Australia—WA)	**27** Rosh Hashanah ends	**28**	**29**	**30**	

OCTOBER 2022

SUNDAY	MONDAY	TUESDAY	WEDNESDAY	THURSDAY	FRIDAY	SATURDAY
GOALS						1
2	3 ◑ First Quarter Labour Day (Australia—ACT, SA, NSW) Queen's Birthday (Australia—QLD)	4 Yom Kippur (begins at sundown)	5	6	7	8
9 ○ Full Moon	10 Columbus Day (USA) Indigenous Peoples' Day (USA) Thanksgiving (Canada)	11	12	13	14	15
16	17 ◐ Last Quarter	18	19	20	21	22
23	24 Diwali United Nations Day Labour Day (NZ)	25 ● New Moon	26	27	28	29
30	31 Halloween Bank Holiday (Ireland)					

NOVEMBER 2022

SUNDAY	MONDAY	TUESDAY	WEDNESDAY	THURSDAY	FRIDAY	SATURDAY
		1 ◑ First Quarter	2	3	4	5
6 Daylight Saving Time ends (USA, Canada)	7	8 ○ Full Moon Election Day (USA)	9	10	11 Veterans Day (USA) Remembrance Day (Canada, UK, Ireland, Australia)	12
13 Remembrance Sunday (UK, Ireland)	14	15	16 ◑ Last Quarter	17	18	19
20	21	22	23 ● New Moon	24 Thanksgiving (USA)	25	26
27	28	29	30 ◑ First Quarter St. Andrew's Day (UK)	GOALS		

DECEMBER 2022

SUNDAY	MONDAY	TUESDAY	WEDNESDAY	THURSDAY	FRIDAY	SATURDAY
GOALS				**1**	**2**	**3**
4	**5**	**6**	**7**	**8** ○ Full Moon	**9**	**10** Human Rights Day
11	**12**	**13**	**14**	**15**	**16** ◐ Last Quarter	**17**
18 Hanukkah (begins at sundown)	**19**	**20**	**21** Winter Solstice	**22**	**23** ● New Moon	**24** Christmas Eve
25 Christmas Day	**26** Kwanzaa begins (USA) Hanukkah ends Christmas Day (observed) (Australia—NT, SA, WA) Boxing Day (Canada, NZ, UK, Australia—except NT, SA, WA) St. Stephen's Day (Ireland)	**27** Christmas Day (observed) (NZ, UK, Australia—except NT, SA, WA) Boxing Day (observed) (Australia—NT, WA) Proclamation Day (observed) (Australia—SA)	**28**	**29**	**30** ◑ First Quarter	**31**

JANUARY 2023

SUNDAY	MONDAY	TUESDAY	WEDNESDAY	THURSDAY	FRIDAY	SATURDAY
1 New Year's Day Kwanzaa ends (USA)	**2** New Year's Day (observed) (NZ, Australia, UK)	**3** Bank Holiday (UK—Scotland)	**4**	**5**	**6** ○ Full Moon	**7**
8	**9**	**10**	**11**	**12**	**13**	**14**
15 ◑ Last Quarter	**16** Martin Luther King Jr. Day (USA)	**17**	**18**	**19**	**20**	**21** ● New Moon
22 Lunar New Year (Year of the Rabbit)	**23**	**24**	**25**	**26** Australia Day	**27**	**28** ◐ First Quarter
29	**30**	**31**	**GOALS**			

FEBRUARY 2023

SUNDAY	MONDAY	TUESDAY	WEDNESDAY	THURSDAY	FRIDAY	SATURDAY
GOALS			1	2	3	4
5 ○ Full Moon	6 Waitangi Day (NZ)	7	8	9	10	11
12	13 ◑ Last Quarter	14 St. Valentine's Day	15	16	17	18
19	20 ● New Moon Presidents' Day (USA)	21	22 Ash Wednesday	23	24	25
26	27 ◐ First Quarter	28				

MARCH 2023

SUNDAY	MONDAY	TUESDAY	WEDNESDAY	THURSDAY	FRIDAY	SATURDAY
GOALS			**1** St. David's Day (UK)	**2**	**3**	**4**
5	**6** Purim (begins at sundown) Labour Day (Australia—WA)	**7** ○ Full Moon	**8** International Women's Day	**9**	**10**	**11**
12 Daylight Saving Time begins (USA, Canada)	**13** Eight Hours Day (Australia—TAS) Labour Day (Australia—VIC) Commonwealth Day (Australia, Canada, NZ, UK)	**14**	**15** ◑ Last Quarter	**16**	**17** St. Patrick's Day	**18**
19 Mothering Sunday (Ireland, UK)	**20** Vernal Equinox	**21** ● New Moon	**22** Ramadan	**23**	**24**	**25**
26	**27**	**28**	**29** ◐ First Quarter	**30**	**31**	

APRIL 2023

SUNDAY	MONDAY	TUESDAY	WEDNESDAY	THURSDAY	FRIDAY	SATURDAY
GOALS						**1**
2 Palm Sunday	**3**	**4**	**5** Passover (begins at sundown)	**6** ○ Full Moon	**7** Good Friday (Western)	**8**
9 Easter (Western)	**10** Easter Monday (Australia, Canada, Ireland, NZ, UK—except Scotland)	**11**	**12**	**13** ◑ Last Quarter Passover ends	**14** Holy Friday (Orthodox)	**15**
16 Easter (Orthodox)	**17** Yom HaShoah (begins at sundown)	**18**	**19**	**20** ● New Moon	**21** Eid al-Fitr	**22** Earth Day
23 St. George's Day (UK) **30**	**24**	**25** Anzac Day (NZ, Australia)	**26**	**27** ◐ First Quarter	**28**	**29**

MAY 2023

SUNDAY	MONDAY	TUESDAY	WEDNESDAY	THURSDAY	FRIDAY	SATURDAY
	1 May Day (Australia—NT) Labour Day (Australia—QLD) Early May Bank Holiday (Ireland, UK)	2	3	4	5 ○ Full Moon	6
7	8	9	10	11	12 ◐ Last Quarter	13
14 Mother's Day (USA, Australia, Canada, NZ)	15	16	17	18	19 ● New Moon	20 Armed Forces Day (USA)
21	22 Victoria Day (Canada)	23	24	25	26	27 ◑ First Quarter
28	29 Memorial Day (USA) Bank Holiday (UK)	30	31	**GOALS**		

JUNE 2023

SUNDAY	MONDAY	TUESDAY	WEDNESDAY	THURSDAY	FRIDAY	SATURDAY
GOALS				1	2	3
4 ○ Full Moon	5 Queen's Birthday (NZ) Bank Holiday (Ireland)	6	7	8	9	10 ◑ Last Quarter
11	12 Queen's Birthday (Australia—except QLD, WA)	13	14 Flag Day (USA)	15	16	17
18 ● New Moon Father's Day (USA, Canada, Ireland, UK)	19 Juneteenth (USA)	20	21 Summer Solstice National Indigenous Peoples Day (Canada)	22	23	24
25	26 ◐ First Quarter	27	28 Eid al-Adha	29	30	

JULY 2023

SUNDAY	MONDAY	TUESDAY	WEDNESDAY	THURSDAY	FRIDAY	SATURDAY
GOALS						1 Canada Day
2	3 ○ Full Moon	4 Independence Day (USA)	5	6	7	8
9	10 ◑ Last Quarter	11	12	13	14	15
16	17 ● New Moon	18	19	20	21	22
23	24	25 ◐ First Quarter	26	27	28	29
30	31					

AUGUST 2023

SUNDAY	MONDAY	TUESDAY	WEDNESDAY	THURSDAY	FRIDAY	SATURDAY
GOALS		**1** ○ Full Moon	**2**	**3**	**4**	**5**
6	**7** Bank Holiday(Ireland, UK—Scotland, Australia—NSW) Picnic Day (Australia—NT)	**8** ◑ Last Quarter	**9**	**10**	**11**	**12**
13	**14**	**15**	**16** ● New Moon	**17**	**18**	**19**
20	**21**	**22**	**23**	**24** ◐ First Quarter	**25**	**26**
27	**28** Bank Holiday (UK—except Scotland)	**29**	**30**	**31** ○ Full Moon	GOALS	

SEPTEMBER 2023

SUNDAY	MONDAY	TUESDAY	WEDNESDAY	THURSDAY	FRIDAY	SATURDAY
GOALS					1	2
3 Father's Day (Australia, NZ)	4 Labor Day (USA, Canada)	5	6 ◐ Last Quarter	7	8	9
10	11	12	13	14	15 ● New Moon Rosh Hashanah (begins at sundown)	16
17 Rosh Hashanah ends	18	19	20	21 U.N. International Day of Peace	22 ◑ First Quarter	23 Autumnal Equinox
24 Yom Kippur (begins at sundown)	25 Queen's Birthday (Australia—WA)	26	27	28	29 ○ Full Moon	30

OCTOBER 2023

SUNDAY	MONDAY	TUESDAY	WEDNESDAY	THURSDAY	FRIDAY	SATURDAY
1	2 Labour Day (Australia—ACT, SA, NSW) Queen's Birthday (Australia—QLD)	3	4	5	6 ◑ Last Quarter	7
8	9 Columbus Day (USA) Indigenous Peoples' Day (USA) Thanksgiving (Canada)	10	11	12	13	14 ● New Moon
15	16	17	18	19	20	21
22 ◐ First Quarter	23 Labour Day (NZ)	24 United Nations Day	25	26	27	28 ○ Full Moon
29	30 Bank Holiday (Ireland)	31 Halloween				

GOALS

....
....
....
....
....
....
....

NOVEMBER 2023

SUNDAY	MONDAY	TUESDAY	WEDNESDAY	THURSDAY	FRIDAY	SATURDAY
GOALS			**1**	**2**	**3**	**4**
5 ◐ Last Quarter Daylight Saving Time ends (USA, Canada)	**6**	**7** Election Day (USA)	**8**	**9**	**10**	**11** Veterans Day (USA) Remembrance Day (Canada, UK, Ireland, Australia)
12 Diwali Remembrance Sunday (UK, Ireland)	**13** ● New Moon	**14**	**15**	**16**	**17**	**18**
19	**20** ◑ First Quarter	**21**	**22**	**23** Thanksgiving (USA)	**24**	**25**
26	**27** ○ Full Moon	**28**	**29**	**30** St. Andrew's Day (UK)		

DECEMBER 2023

SUNDAY	MONDAY	TUESDAY	WEDNESDAY	THURSDAY	FRIDAY	SATURDAY
GOALS					**1**	**2**
3	**4**	**5** ◑ Last Quarter	**6**	**7** Hanukkah (begins at sundown)	**8**	**9**
10 Human Rights Day	**11**	**12** ● New Moon	**13**	**14**	**15** Hanukkah ends	**16**
17	**18**	**19** ◑ First Quarter	**20**	**21**	**22** Winter Solstice	**23**
24 Christmas Eve **31**	**25** Christmas Day	**26** Kwanzaa begins (USA) Boxing Day (Canada, NZ, UK, Australia—except SA) St. Stephen's Day (Ireland) Proclamation Day (Australia—SA)	**27** ○ Full Moon	**28**	**29**	**30**

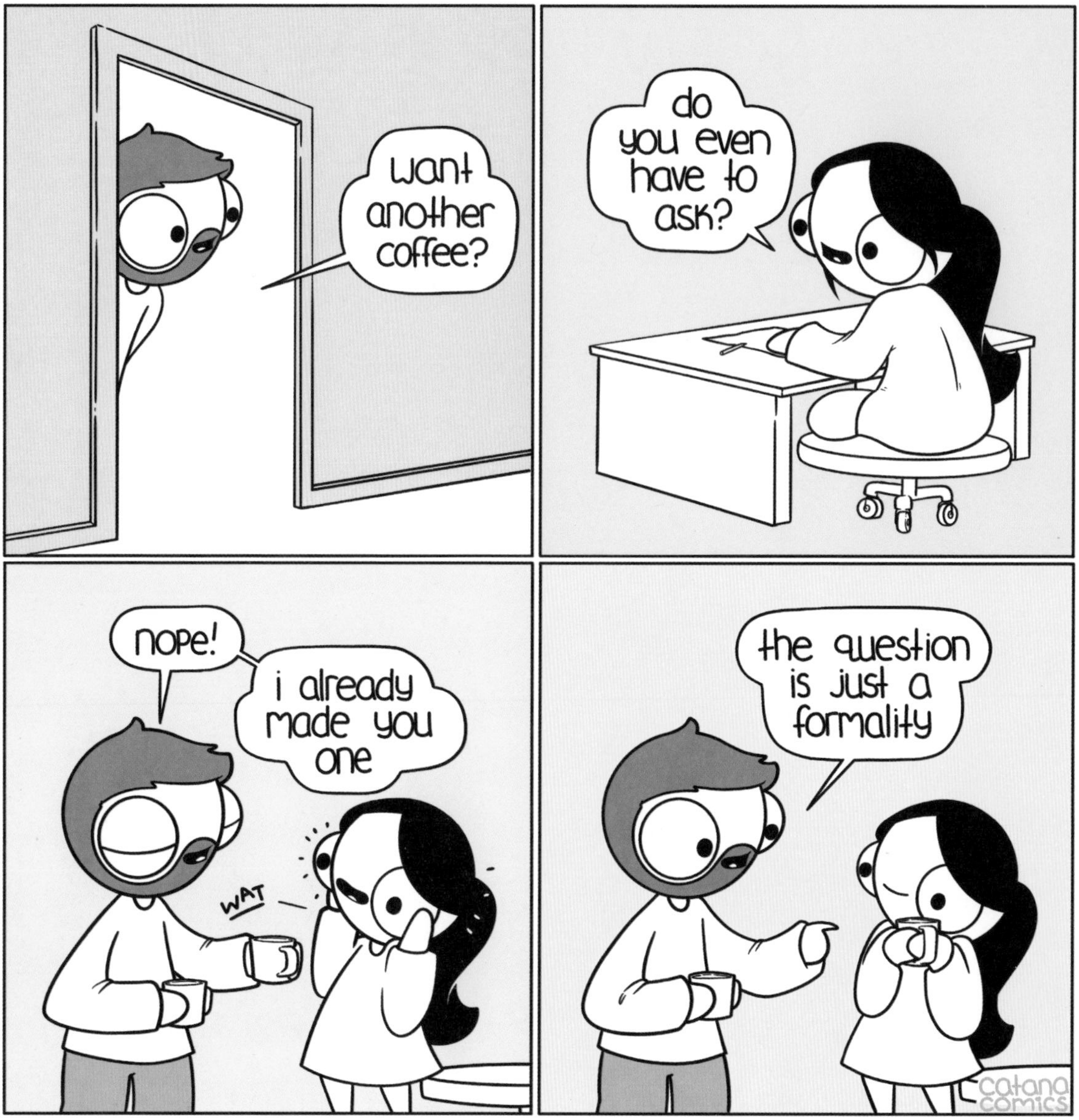
want another coffee?
do you even have to ask?
nope!
i already made you one
WAT
the question is just a formality
catana comics

TO DO

AUGUST–SEPTEMBER 2022

MONDAY
29
Bank Holiday
(UK—except Scotland)

TUESDAY
30

WEDNESDAY
31

THURSDAY
1

FRIDAY
2

SATURDAY
3
◑ First Quarter

SUNDAY
4
Father's Day
(Australia, NZ)

AUGUST 2022
S	M	T	W	T	F	S
	1	2	3	4	5	6
7	8	9	10	11	12	13
14	15	16	17	18	19	20
21	22	23	24	25	26	27
28	29	30	31			

SEPTEMBER 2022
S	M	T	W	T	F	S
				1	2	3
4	5	6	7	8	9	10
11	12	13	14	15	16	17
18	19	20	21	22	23	24
25	26	27	28	29	30	

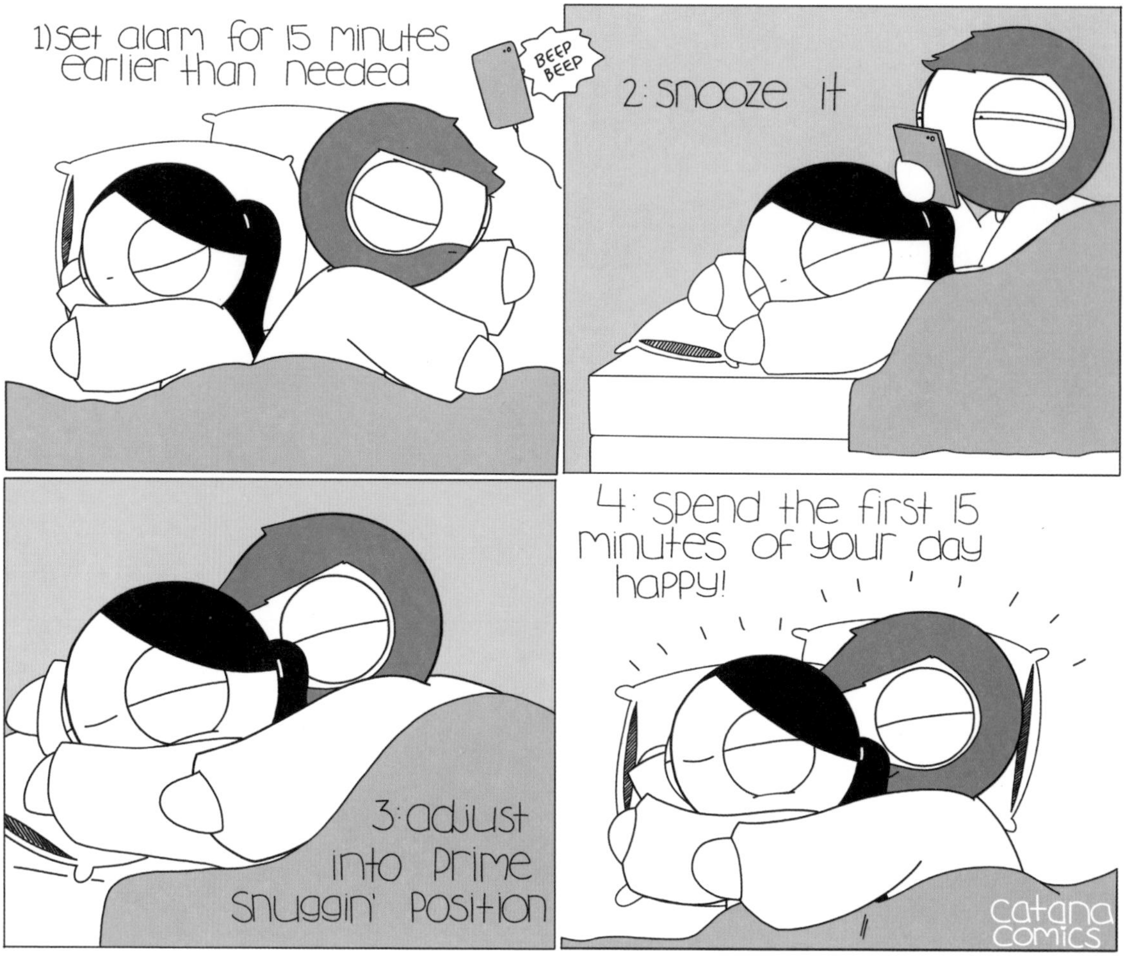
1) Set alarm for 15 minutes earlier than needed
BEEP BEEP
2: Snooze it
3: adjust into prime snuggin' position
4: Spend the first 15 minutes of your day happy!
catana comics

TO DO

SEPTEMBER 2022

MONDAY
5

Labor Day (USA, Canada)

TUESDAY
6

WEDNESDAY
7

THURSDAY
8

FRIDAY
9

SATURDAY
10

○ Full Moon

SUNDAY
11

SEPTEMBER 2022

S	M	T	W	T	F	S
				1	2	3
4	5	6	7	8	9	10
11	12	13	14	15	16	17
18	19	20	21	22	23	24
25	26	27	28	29	30	

OCTOBER 2022

S	M	T	W	T	F	S
						1
2	3	4	5	6	7	8
9	10	11	12	13	14	15
16	17	18	19	20	21	22
23	24	25	26	27	28	29
30	31					

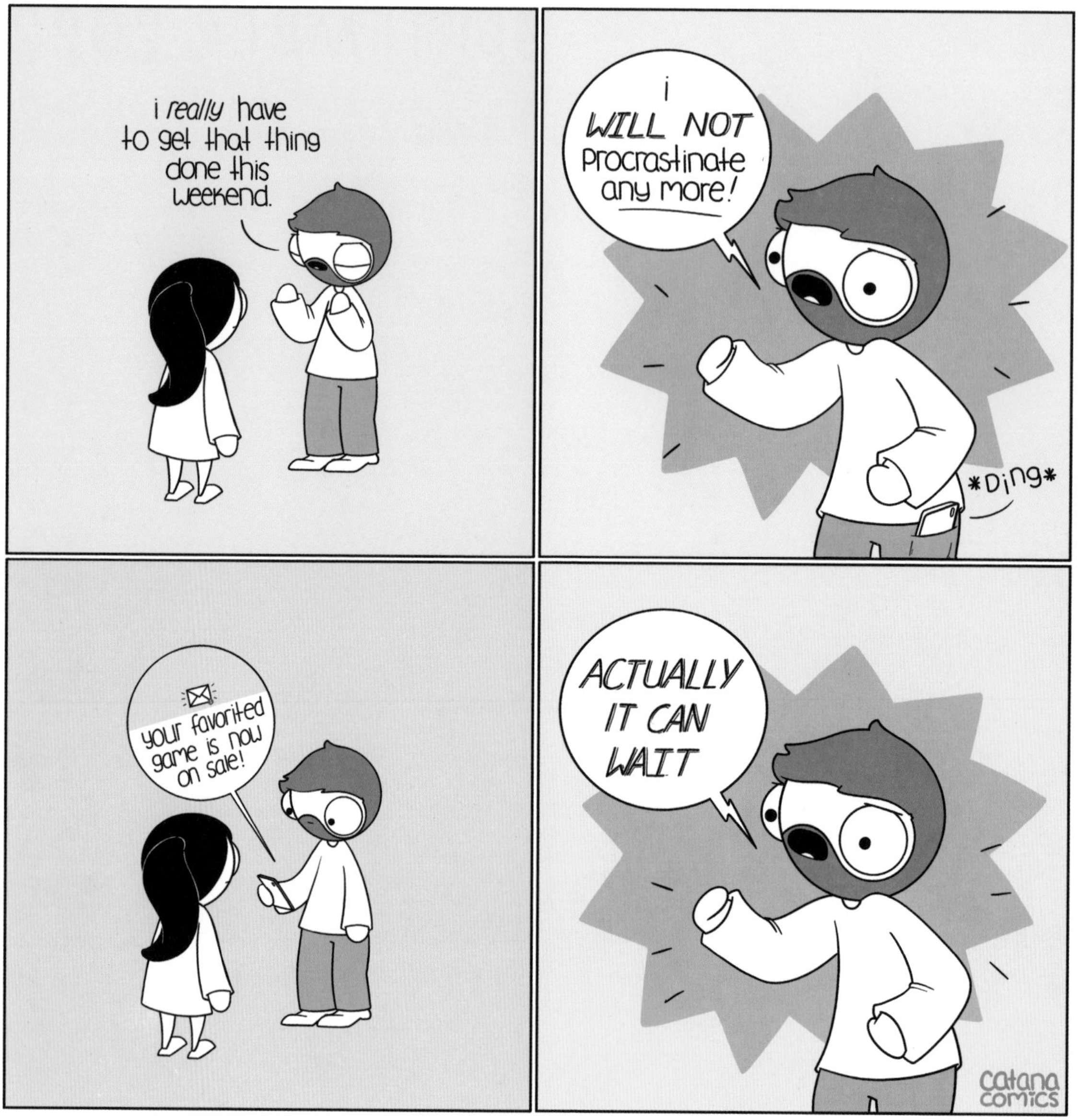
i really have to get that thing done this weekend.
i WILL NOT procrastinate any more!
Ding
your favorited game is now on sale!
ACTUALLY IT CAN WAIT
catana comics

TO DO

MONDAY
12

TUESDAY
13

WEDNESDAY
14

THURSDAY
15

FRIDAY
16

SATURDAY
17   ◑ Last Quarter

SUNDAY
18

SEPTEMBER 2022

S	M	T	W	T	F	S
				1	2	3
4	5	6	7	8	9	10
11	12	13	14	15	16	17
18	19	20	21	22	23	24
25	26	27	28	29	30	

OCTOBER 2022

S	M	T	W	T	F	S
						1
2	3	4	5	6	7	8
9	10	11	12	13	14	15
16	17	18	19	20	21	22
23	24	25	26	27	28	29
30	31					

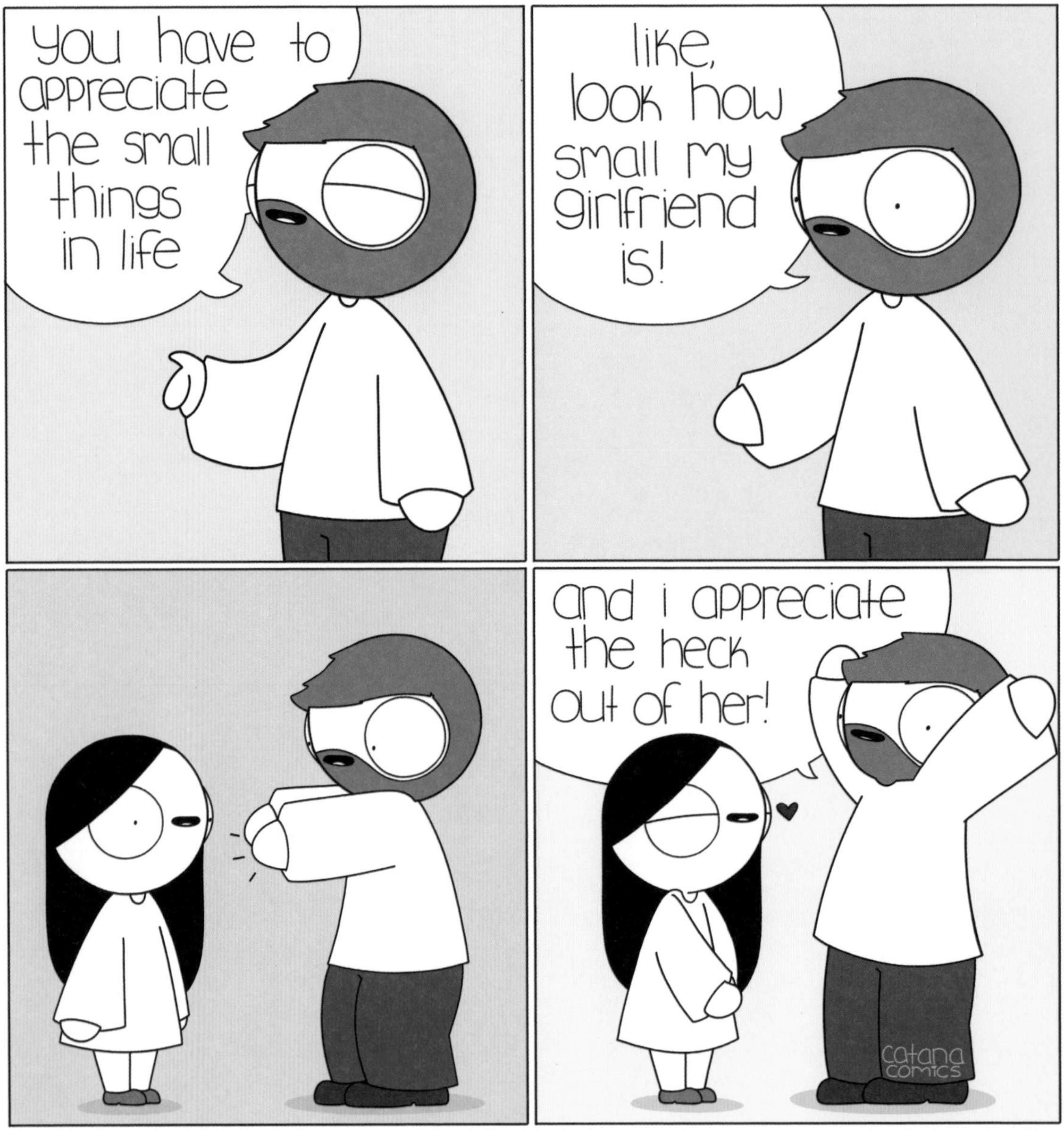
you have to appreciate the small things in life
like, look how small my girlfriend is!
and i appreciate the heck out of her!
catana comics

TO DO

SEPTEMBER 2022

MONDAY
19

TUESDAY
20

WEDNESDAY
21
U.N. International Day of Peace

THURSDAY
22

FRIDAY
23
Autumnal Equinox

SATURDAY
24

SUNDAY
25
● New Moon
Rosh Hashanah
(begins at sundown)

SEPTEMBER 2022

S	M	T	W	T	F	S
				1	2	3
4	5	6	7	8	9	10
11	12	13	14	15	16	17
18	19	20	21	22	23	24
25	26	27	28	29	30	

OCTOBER 2022

S	M	T	W	T	F	S
						1
2	3	4	5	6	7	8
9	10	11	12	13	14	15
16	17	18	19	20	21	22
23	24	25	26	27	28	29
30	31					

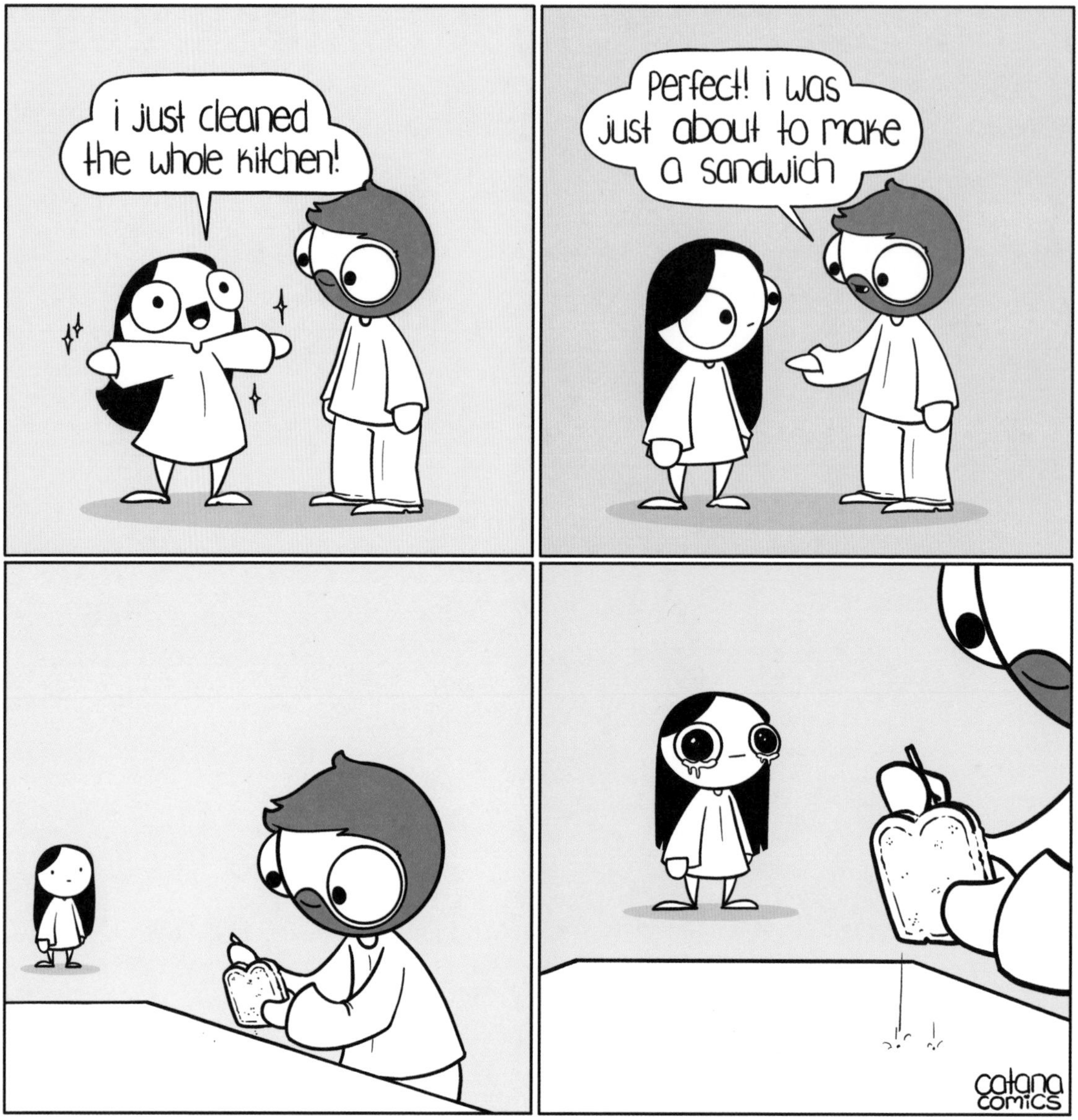
i just cleaned the whole kitchen!
Perfect! i was just about to make a sandwich
catana comics

TO DO

SEPTEMBER–OCTOBER 2022

MONDAY
26
Queen's Birthday (Australia—WA)

TUESDAY
27
Rosh Hashanah ends

WEDNESDAY
28

THURSDAY
29

FRIDAY
30

SATURDAY
1

SUNDAY
2

SEPTEMBER 2022

S	M	T	W	T	F	S
				1	2	3
4	5	6	7	8	9	10
11	12	13	14	15	16	17
18	19	20	21	22	23	24
25	26	27	28	29	30	

OCTOBER 2022

S	M	T	W	T	F	S
						1
2	3	4	5	6	7	8
9	10	11	12	13	14	15
16	17	18	19	20	21	22
23	24	25	26	27	28	29
30	31					

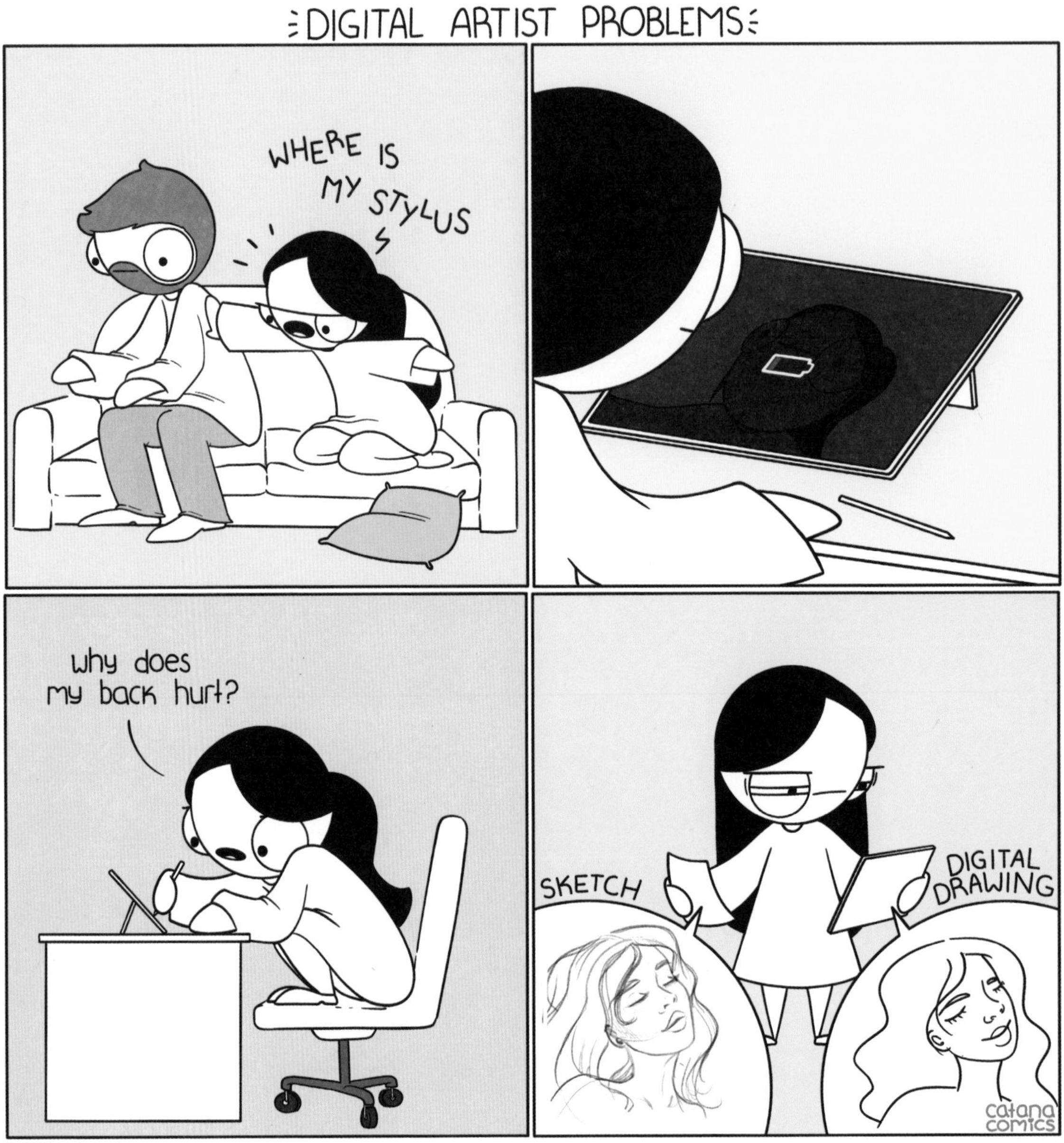

DIGITAL ARTIST PROBLEMS
WHERE IS MY STYLUS
why does my back hurt?
SKETCH
DIGITAL DRAWING
catana comics

TO DO

OCTOBER 2022

MONDAY
3
◑ First Quarter
Labour Day
(Australia—ACT, SA, NSW)
Queen's Birthday
(Australia—QLD)

TUESDAY
4
Yom Kippur (begins at sundown)

WEDNESDAY
5

THURSDAY
6

FRIDAY
7

SATURDAY
8

SUNDAY
9
○ Full Moon

OCTOBER 2022

S	M	T	W	T	F	S
						1
2	3	4	5	6	7	8
9	10	11	12	13	14	15
16	17	18	19	20	21	22
23	24	25	26	27	28	29
30	31					

NOVEMBER 2022

S	M	T	W	T	F	S
		1	2	3	4	5
6	7	8	9	10	11	12
13	14	15	16	17	18	19
20	21	22	23	24	25	26
27	28	29	30			

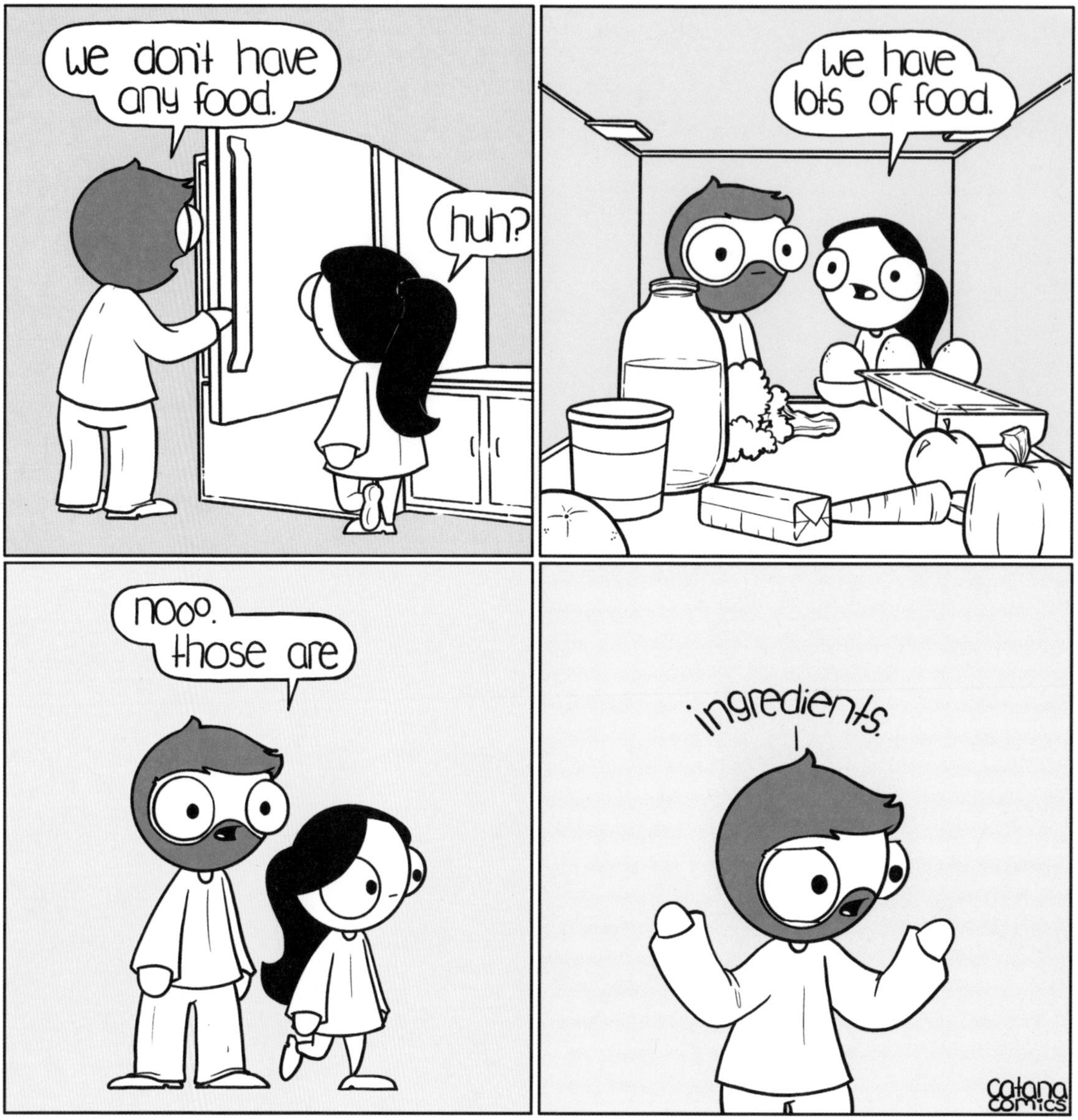
we don't have any food.
huh?
we have lots of food.
nooo. those are
ingredients.
catana comics

TO DO

OCTOBER 2022

MONDAY
10

Columbus Day (USA)
Indigenous Peoples' Day (USA)
Thanksgiving (Canada)

TUESDAY
11

WEDNESDAY
12

THURSDAY
13

FRIDAY
14

SATURDAY
15

SUNDAY
16

\	OCTOBER 2022					
S	M	T	W	T	F	S
						1
2	3	4	5	6	7	8
9	10	11	12	13	14	15
16	17	18	19	20	21	22
23	24	25	26	27	28	29
30	31					

\	NOVEMBER 2022					
S	M	T	W	T	F	S
		1	2	3	4	5
6	7	8	9	10	11	12
13	14	15	16	17	18	19
20	21	22	23	24	25	26
27	28	29	30			

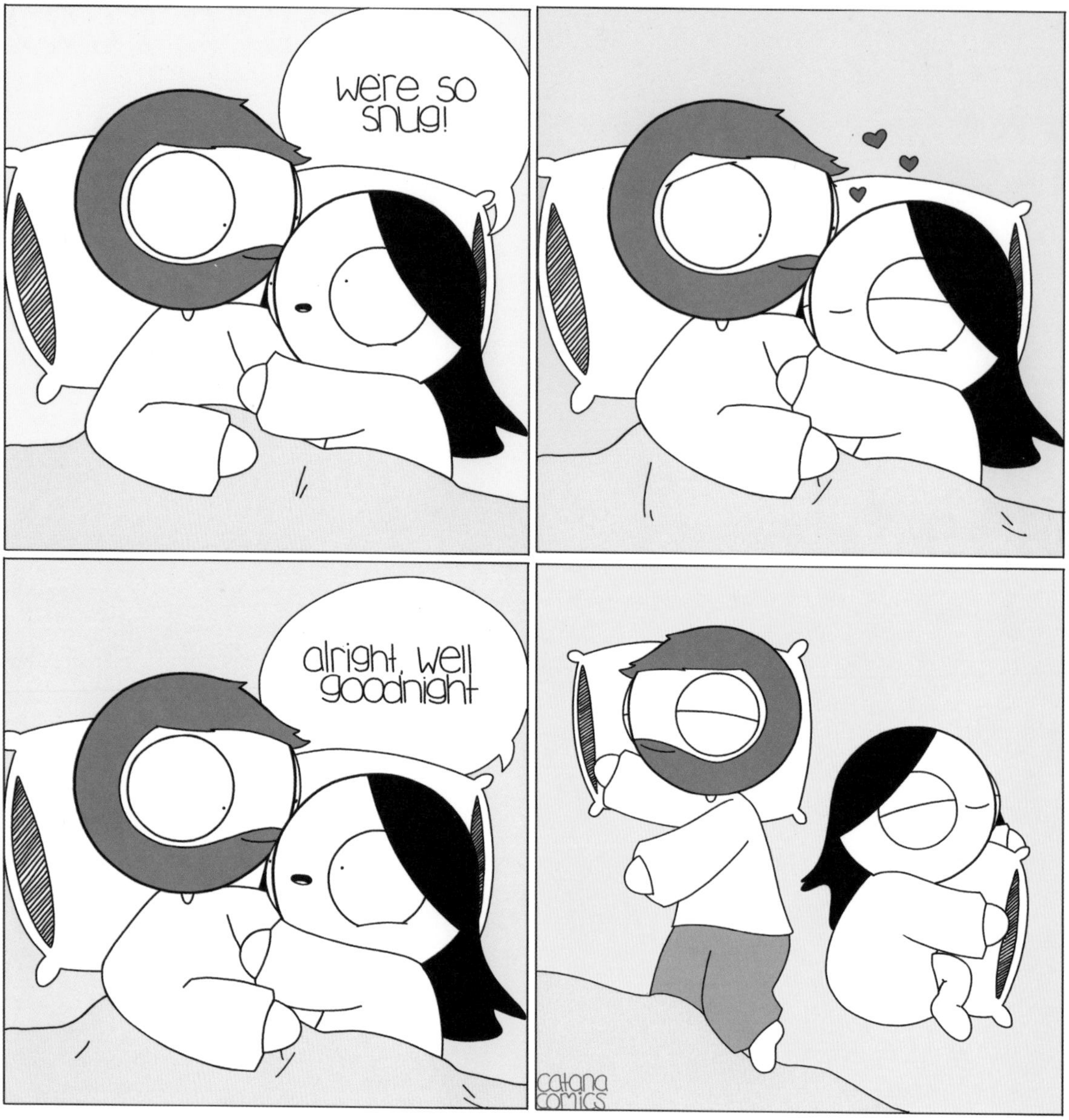
we're so snug!
alright, well goodnight
catana comics

TO DO

OCTOBER 2022

MONDAY
17

◑ Last Quarter

TUESDAY
18

WEDNESDAY
19

THURSDAY
20

FRIDAY
21

SATURDAY
22

SUNDAY
23

OCTOBER 2022						
S	M	T	W	T	F	S
						1
2	3	4	5	6	7	8
9	10	11	12	13	14	15
16	17	18	19	20	21	22
23	24	25	26	27	28	29
30	31					

NOVEMBER 2022						
S	M	T	W	T	F	S
		1	2	3	4	5
6	7	8	9	10	11	12
13	14	15	16	17	18	19
20	21	22	23	24	25	26
27	28	29	30			

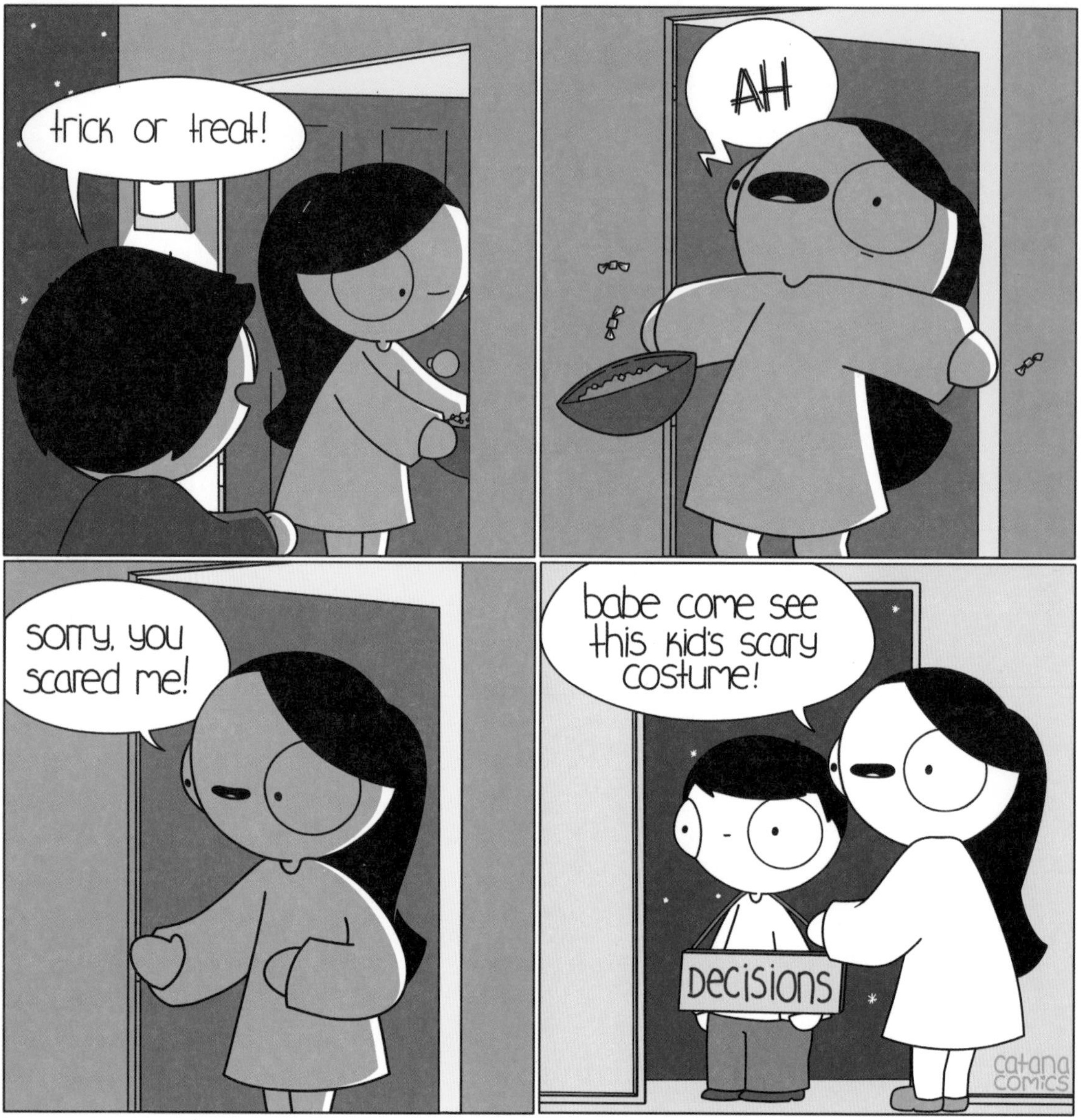
trick or treat!
AH
sorry, you scared me!
babe come see this kid's scary costume!
DECISIONS
catana comics

TO DO

OCTOBER 2022

MONDAY
24

Diwali
United Nations Day
Labour Day (NZ)

TUESDAY
25

● New Moon

WEDNESDAY
26

THURSDAY
27

FRIDAY
28

SATURDAY
29

SUNDAY
30

OCTOBER 2022

S	M	T	W	T	F	S
						1
2	3	4	5	6	7	8
9	10	11	12	13	14	15
16	17	18	19	20	21	22
23	24	25	26	27	28	29
30	31					

NOVEMBER 2022

S	M	T	W	T	F	S
		1	2	3	4	5
6	7	8	9	10	11	12
13	14	15	16	17	18	19
20	21	22	23	24	25	26
27	28	29	30			

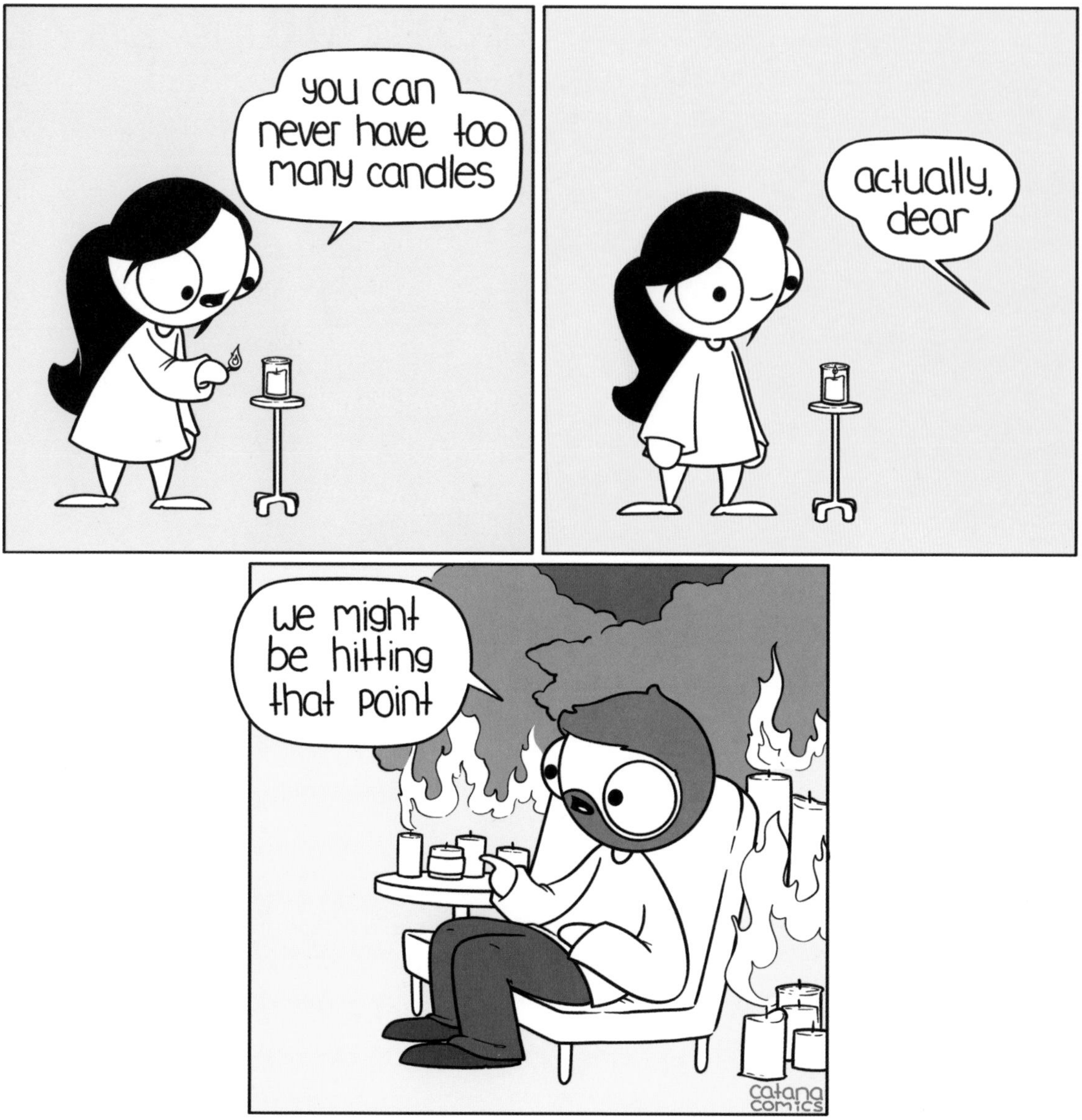
you can never have too many candles
actually, dear
we might be hitting that point
catana comics

TO DO

OCTOBER–NOVEMBER 2022

MONDAY
31
Halloween
Bank Holiday (Ireland)

TUESDAY
1
◐ First Quarter

WEDNESDAY
2

THURSDAY
3

FRIDAY
4

SATURDAY
5

SUNDAY
6
Daylight Saving Time
ends (USA, Canada)

OCTOBER 2022

S	M	T	W	T	F	S
						1
2	3	4	5	6	7	8
9	10	11	12	13	14	15
16	17	18	19	20	21	22
23	24	25	26	27	28	29
30	31					

NOVEMBER 2022

S	M	T	W	T	F	S
		1	2	3	4	5
6	7	8	9	10	11	12
13	14	15	16	17	18	19
20	21	22	23	24	25	26
27	28	29	30			

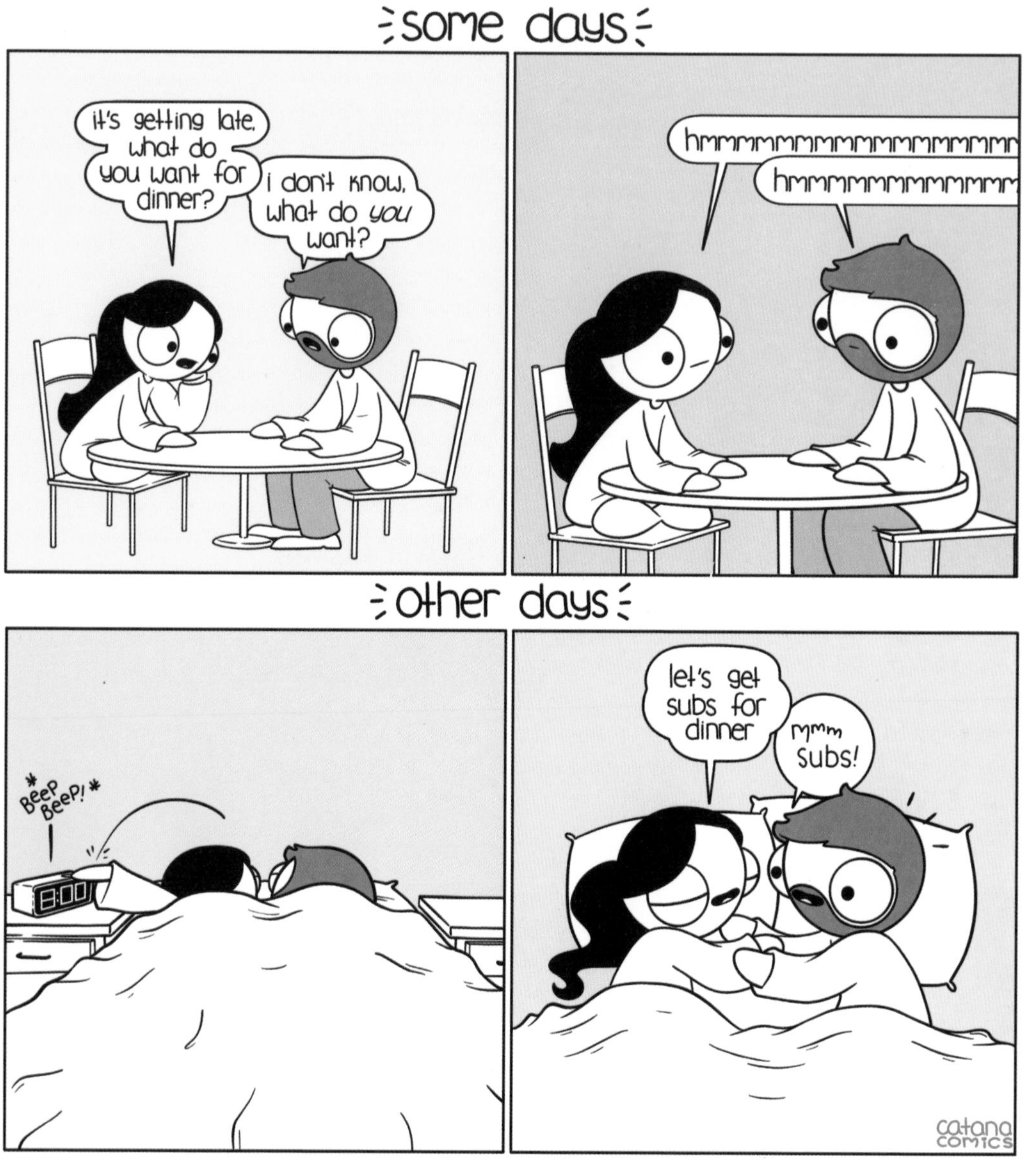
some days
it's getting late, what do you want for dinner?
i don't know, what do you want?
hmmmmmmmmmmmmmmmmmm
hmmmmmmmmmmmmm
other days
BeeP BeeP!
let's get subs for dinner
mmm subs!
catana comics

TO DO

NOVEMBER 2022

MONDAY
7

TUESDAY
8
○ Full Moon
Election Day (USA)

WEDNESDAY
9

THURSDAY
10

FRIDAY
11
Veterans' Day (USA)
Remembrance Day
(Canada, UK, Ireland, Australia)

SATURDAY
12

SUNDAY
13
Remembrance Sunday
(UK, Ireland)

NOVEMBER 2022

S	M	T	W	T	F	S
		1	2	3	4	5
6	7	8	9	10	11	12
13	14	15	16	17	18	19
20	21	22	23	24	25	26
27	28	29	30			

DECEMBER 2022

S	M	T	W	T	F	S
				1	2	3
4	5	6	7	8	9	10
11	12	13	14	15	16	17
18	19	20	21	22	23	24
25	26	27	28	29	30	31

working from home

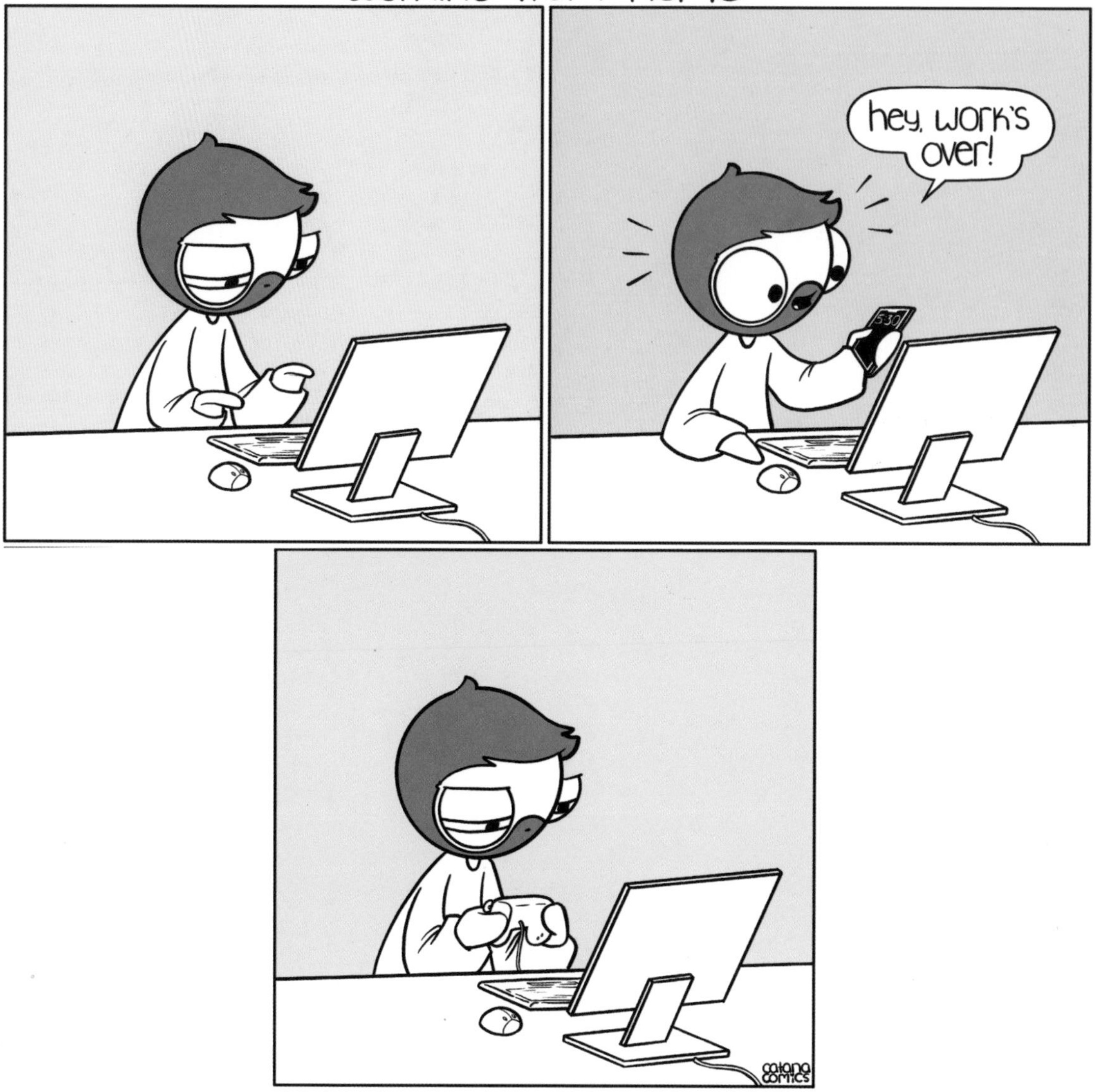
hey, work's over!
5:30
catana comics

TO DO

NOVEMBER 2022

MONDAY
14

TUESDAY
15

WEDNESDAY
16

◑ Last Quarter

THURSDAY
17

FRIDAY
18

SATURDAY
19

SUNDAY
20

NOVEMBER 2022
S	M	T	W	T	F	S
		1	2	3	4	5
6	7	8	9	10	11	12
13	14	15	16	17	18	19
20	21	22	23	24	25	26
27	28	29	30			

DECEMBER 2022
S	M	T	W	T	F	S
				1	2	3
4	5	6	7	8	9	10
11	12	13	14	15	16	17
18	19	20	21	22	23	24
25	26	27	28	29	30	31

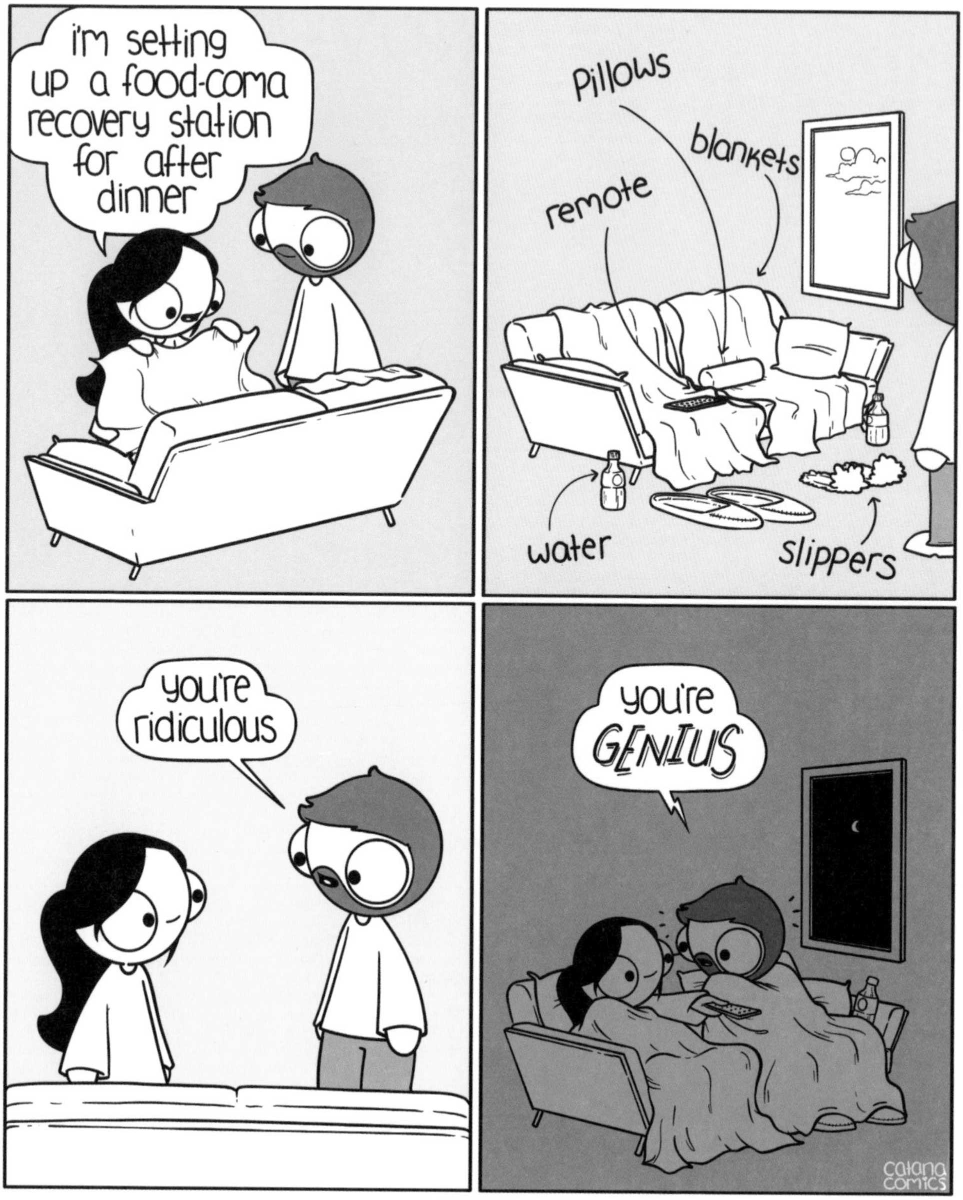
i'm setting up a food-coma recovery station for after dinner
pillows
blankets
remote
water
slippers
you're ridiculous
you're GENIUS
catana comics

TO DO

NOVEMBER 2022

MONDAY
21

TUESDAY
22

WEDNESDAY
23
● New Moon

THURSDAY
24
Thanksgiving (USA)

FRIDAY
25

SATURDAY
26

SUNDAY
27

NOVEMBER 2022
S	M	T	W	T	F	S
		1	2	3	4	5
6	7	8	9	10	11	12
13	14	15	16	17	18	19
20	21	22	23	24	25	26
27	28	29	30			

DECEMBER 2022
S	M	T	W	T	F	S
				1	2	3
4	5	6	7	8	9	10
11	12	13	14	15	16	17
18	19	20	21	22	23	24
25	26	27	28	29	30	31

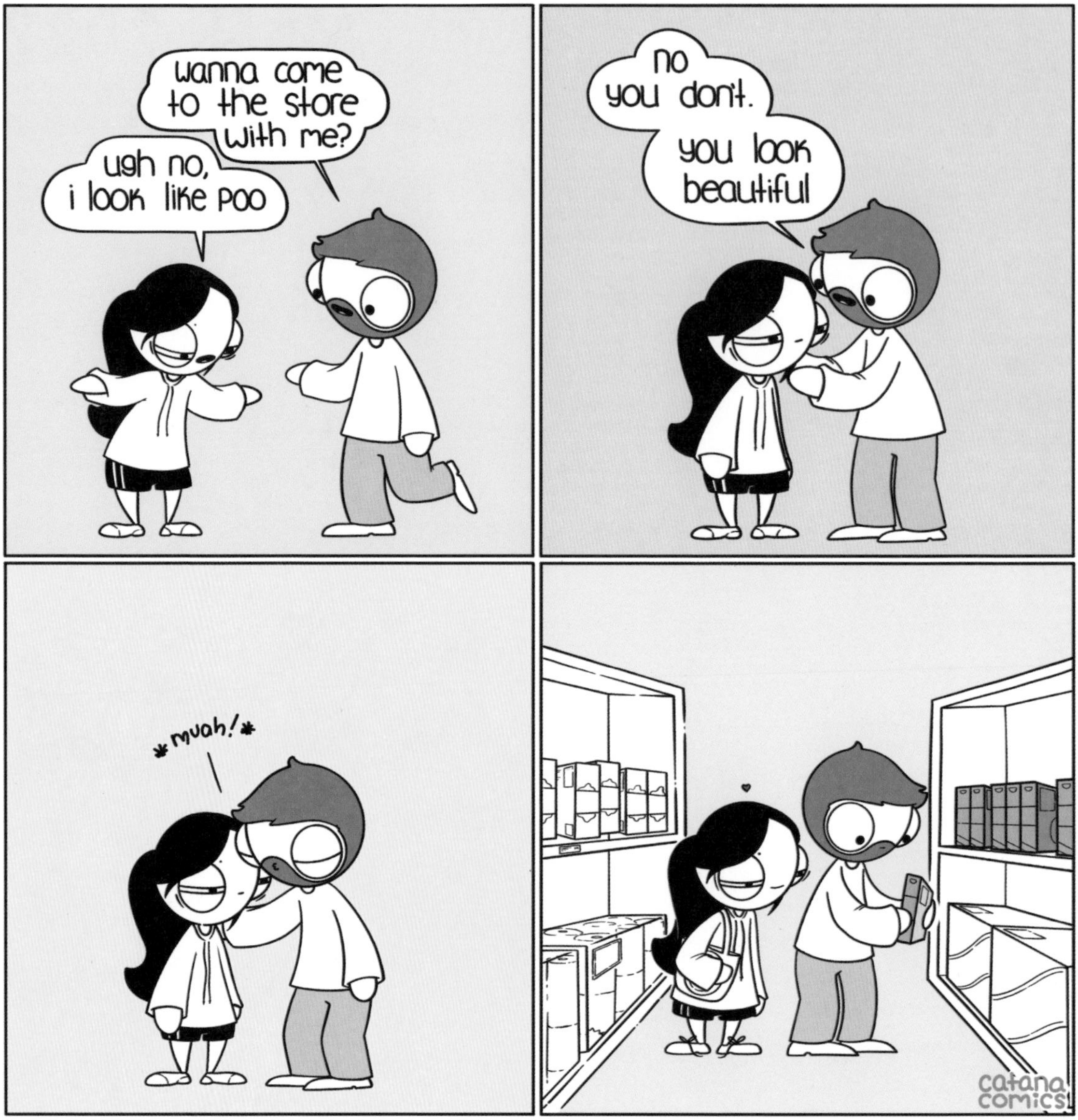
wanna come to the store with me?
ugh no, i look like poo
no you don't.
you look beautiful
muah!
catana comics

TO DO

NOVEMBER–DECEMBER 2022

MONDAY
28

TUESDAY
29

WEDNESDAY
30

◑ First Quarter
St. Andrew's Day (UK)

THURSDAY
1

FRIDAY
2

SATURDAY
3

SUNDAY
4

NOVEMBER 2022

S	M	T	W	T	F	S
		1	2	3	4	5
6	7	8	9	10	11	12
13	14	15	16	17	18	19
20	21	22	23	24	25	26
27	28	29	30			

DECEMBER 2022

S	M	T	W	T	F	S
				1	2	3
4	5	6	7	8	9	10
11	12	13	14	15	16	17
18	19	20	21	22	23	24
25	26	27	28	29	30	31

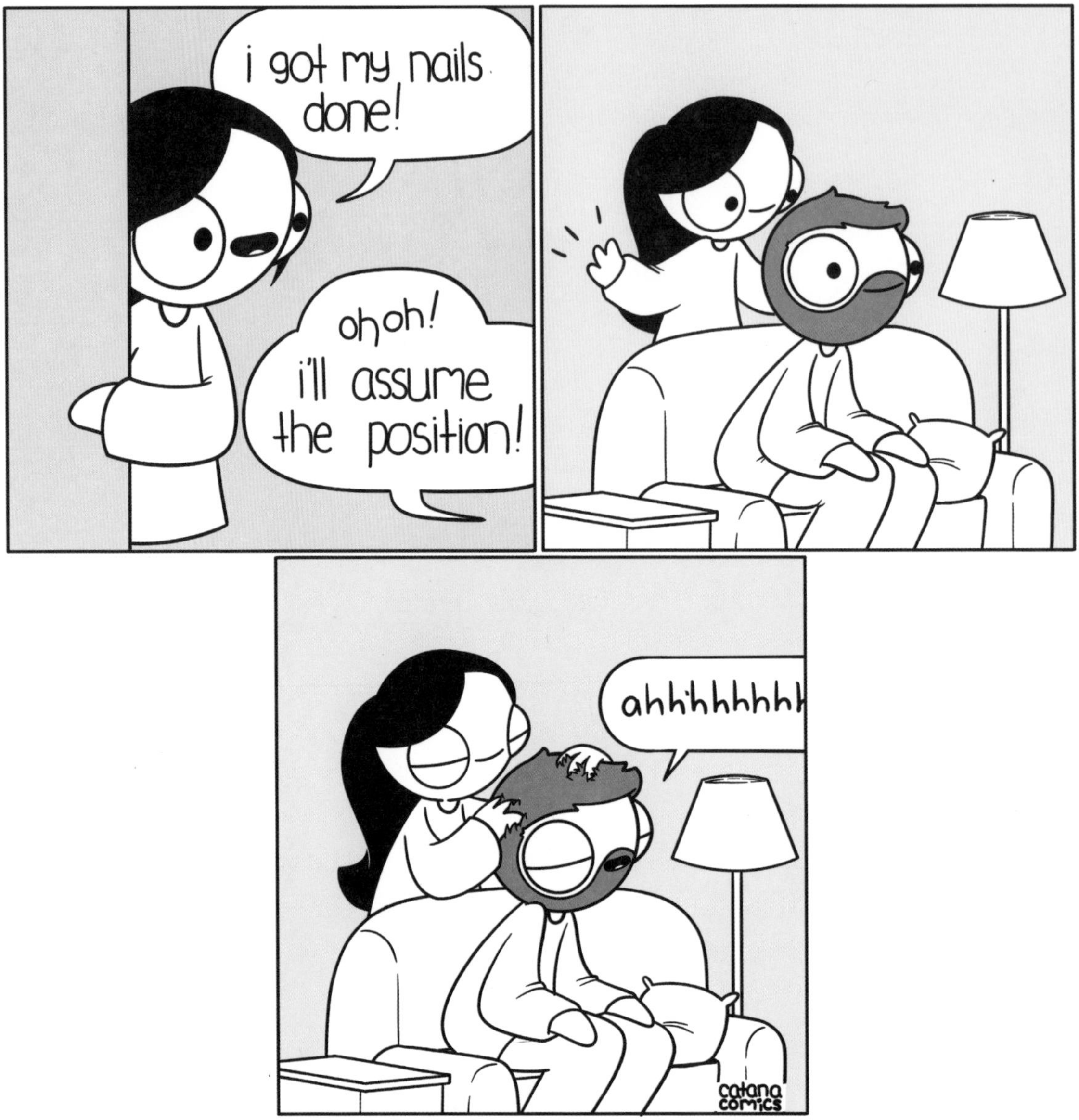
i got my nails done!
ohoh! i'll assume the position!
ahhhhhhhh
catana comics

TO DO

DECEMBER 2022

MONDAY
5

TUESDAY
6

WEDNESDAY
7

THURSDAY
8

○ Full Moon

FRIDAY
9

SATURDAY
10

Human Rights Day

SUNDAY
11

DECEMBER 2022

S	M	T	W	T	F	S
				1	2	3
4	5	6	7	8	9	10
11	12	13	14	15	16	17
18	19	20	21	22	23	24
25	26	27	28	29	30	31

JANUARY 2023

S	M	T	W	T	F	S
1	2	3	4	5	6	7
8	9	10	11	12	13	14
15	16	17	18	19	20	21
22	23	24	25	26	27	28
29	30	31				

one iced coffee, please.
..iced?
ASSERTING DOMINANCE OVER WINTER
catana comics

TO DO

DECEMBER 2022

MONDAY
12

TUESDAY
13

WEDNESDAY
14

THURSDAY
15

FRIDAY
16
◑ Last Quarter

SATURDAY
17

SUNDAY
18
Hanukkah
(begins at sundown)

DECEMBER 2022						
S	M	T	W	T	F	S
				1	2	3
4	5	6	7	8	9	10
11	12	13	14	15	16	17
18	19	20	21	22	23	24
25	26	27	28	29	30	31

JANUARY 2023						
S	M	T	W	T	F	S
1	2	3	4	5	6	7
8	9	10	11	12	13	14
15	16	17	18	19	20	21
22	23	24	25	26	27	28
29	30	31				

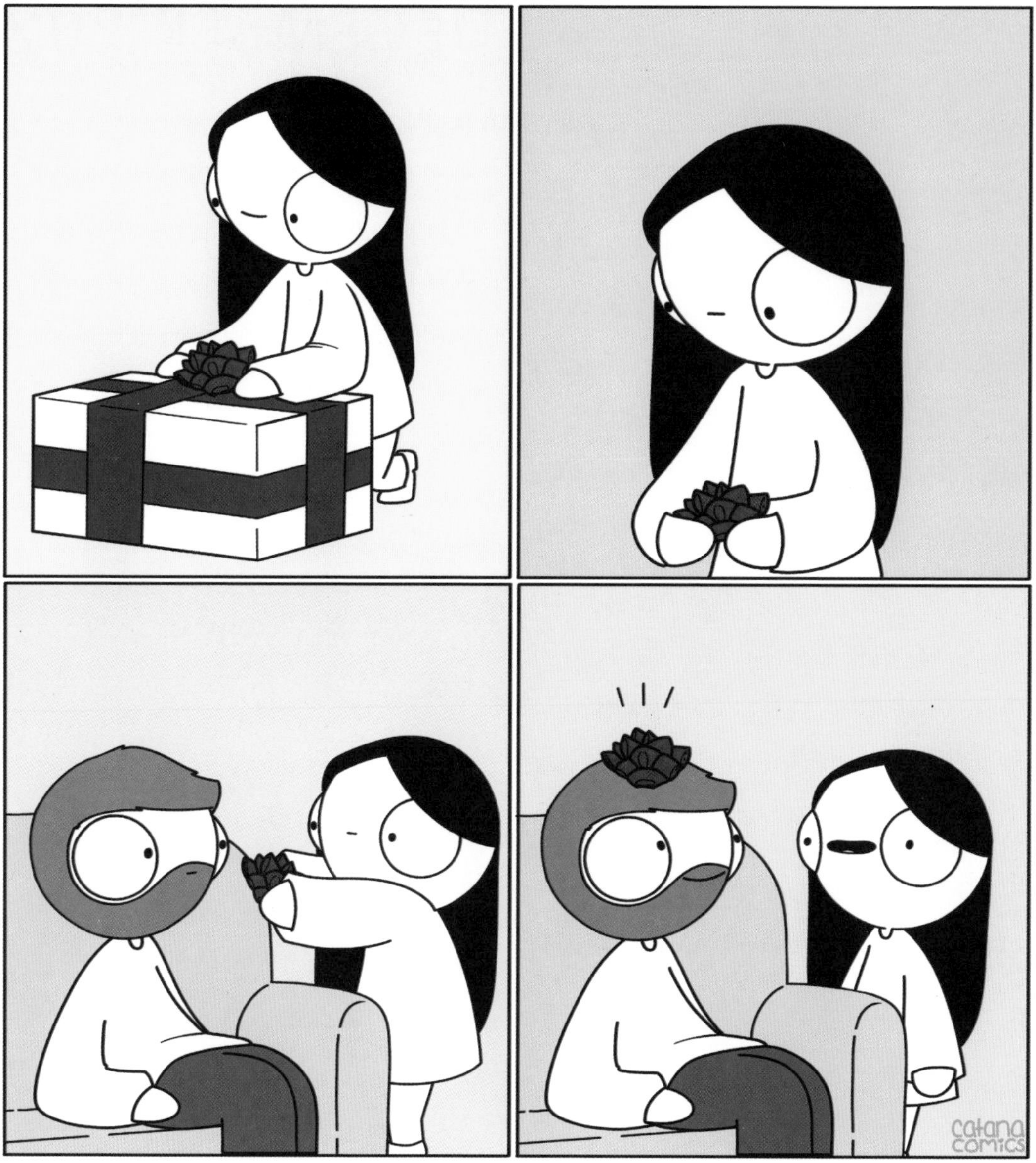
catana comics

TO DO

DECEMBER 2022

MONDAY
19

TUESDAY
20

WEDNESDAY
21
Winter Solstice

THURSDAY
22

FRIDAY
23
● New Moon

SATURDAY
24
Christmas Eve

SUNDAY
25
Christmas Day

DECEMBER 2022						
S	M	T	W	T	F	S
				1	2	3
4	5	6	7	8	9	10
11	12	13	14	15	16	17
18	19	20	21	22	23	24
25	26	27	28	29	30	31

JANUARY 2023						
S	M	T	W	T	F	S
1	2	3	4	5	6	7
8	9	10	11	12	13	14
15	16	17	18	19	20	21
22	23	24	25	26	27	28
29	30	31				

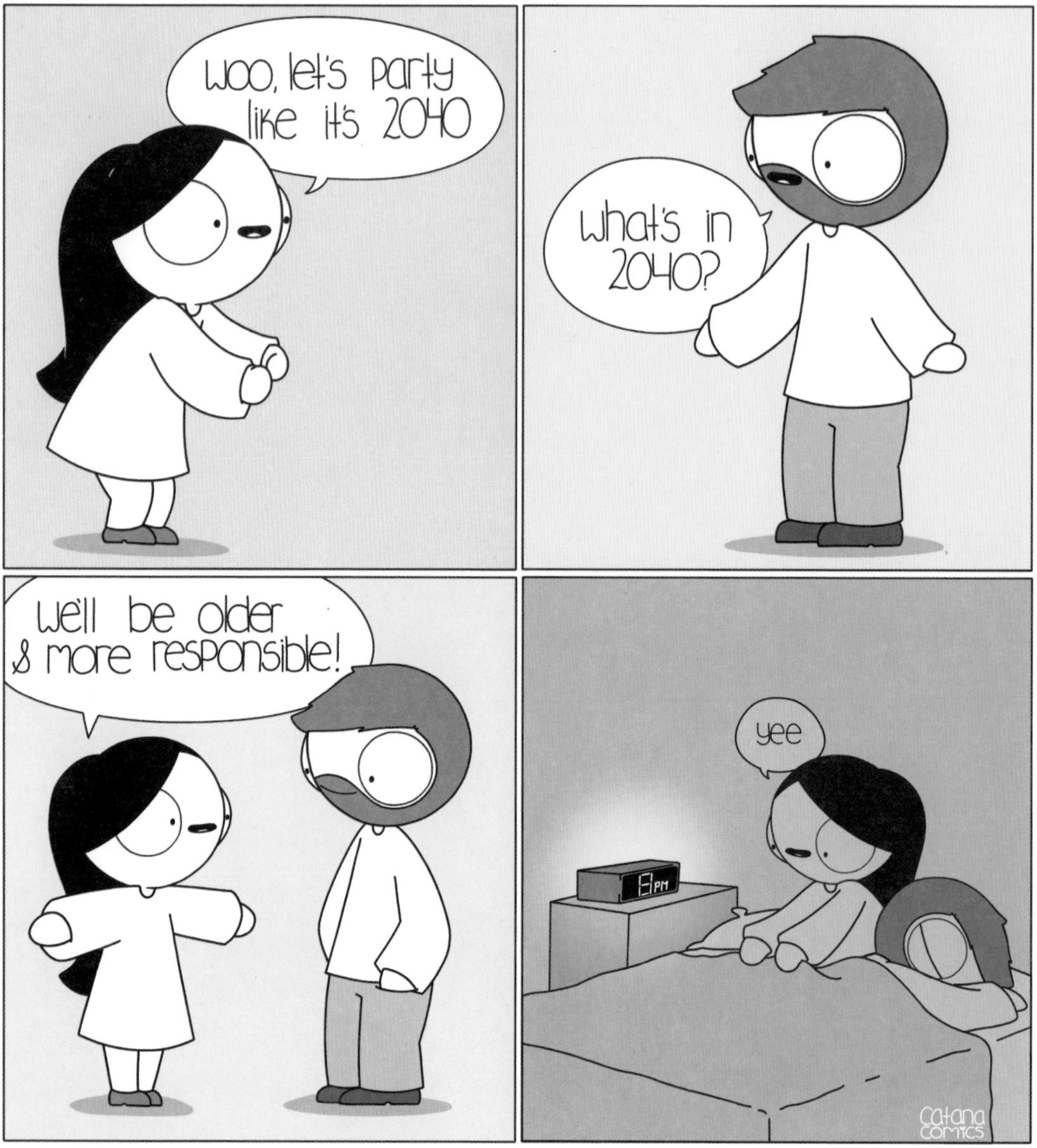
woo, let's party like it's 2040
what's in 2040?
we'll be older & more responsible!
yee
catana comics

TO DO

DECEMBER 2022–JANUARY 2023

MONDAY
26

Kwanzaa begins (USA)
Hanukkah ends
Christmas Day (observed)
(Australia—NT, SA, WA)
Boxing Day (Canada, NZ, UK,
Australia—except NT, SA, WA)
St. Stephen's Day (Ireland)

TUESDAY
27

Christmas Day (observed) (NZ, UK,
Australia—except NT, SA, WA)
Boxing Day (observed)
(Australia—NT, WA)
Proclamation Day (observed)
(Australia—SA)

WEDNESDAY
28

THURSDAY
29

FRIDAY
30

◑ First Quarter

SATURDAY
31

SUNDAY
1

New Year's Day
Kwanzaa ends (USA)

DECEMBER 2022						
S	M	T	W	T	F	S
				1	2	3
4	5	6	7	8	9	10
11	12	13	14	15	16	17
18	19	20	21	22	23	24
25	26	27	28	29	30	31

JANUARY 2023						
S	M	T	W	T	F	S
1	2	3	4	5	6	7
8	9	10	11	12	13	14
15	16	17	18	19	20	21
22	23	24	25	26	27	28
29	30	31				

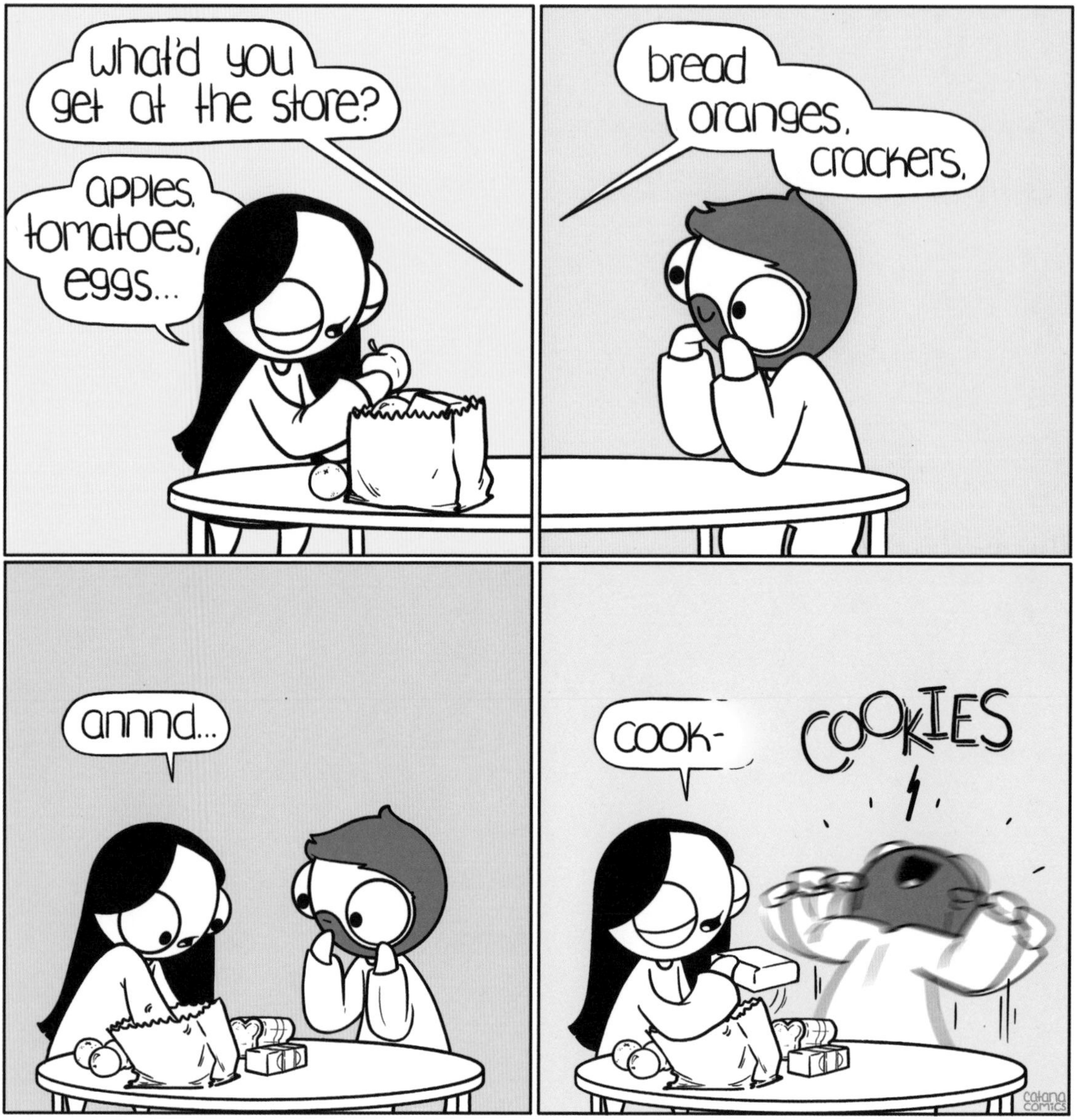
what'd you get at the store?
apples, tomatoes, eggs...
bread oranges, crackers,
annnd...
cook-
COOKIES
catana comics

TO DO

JANUARY 2023

MONDAY
2
New Year's Day (observed)
(NZ, Australia, UK)

TUESDAY
3
Bank Holiday (UK—Scotland)

WEDNESDAY
4

THURSDAY
5

FRIDAY
6
○ Full Moon

SATURDAY
7

SUNDAY
8

JANUARY 2023

S	M	T	W	T	F	S
	2	3	4	5	6	7
8	9	10	11	12	13	14
15	16	17	18	19	20	21
22	23	24	25	26	27	28
29	30	31				

FEBRUARY 2023

S	M	T	W	T	F	S
			1	2	3	4
5	6	7	8	9	10	11
12	13	14	15	16	17	18
19	20	21	22	23	24	25
26	27	28				

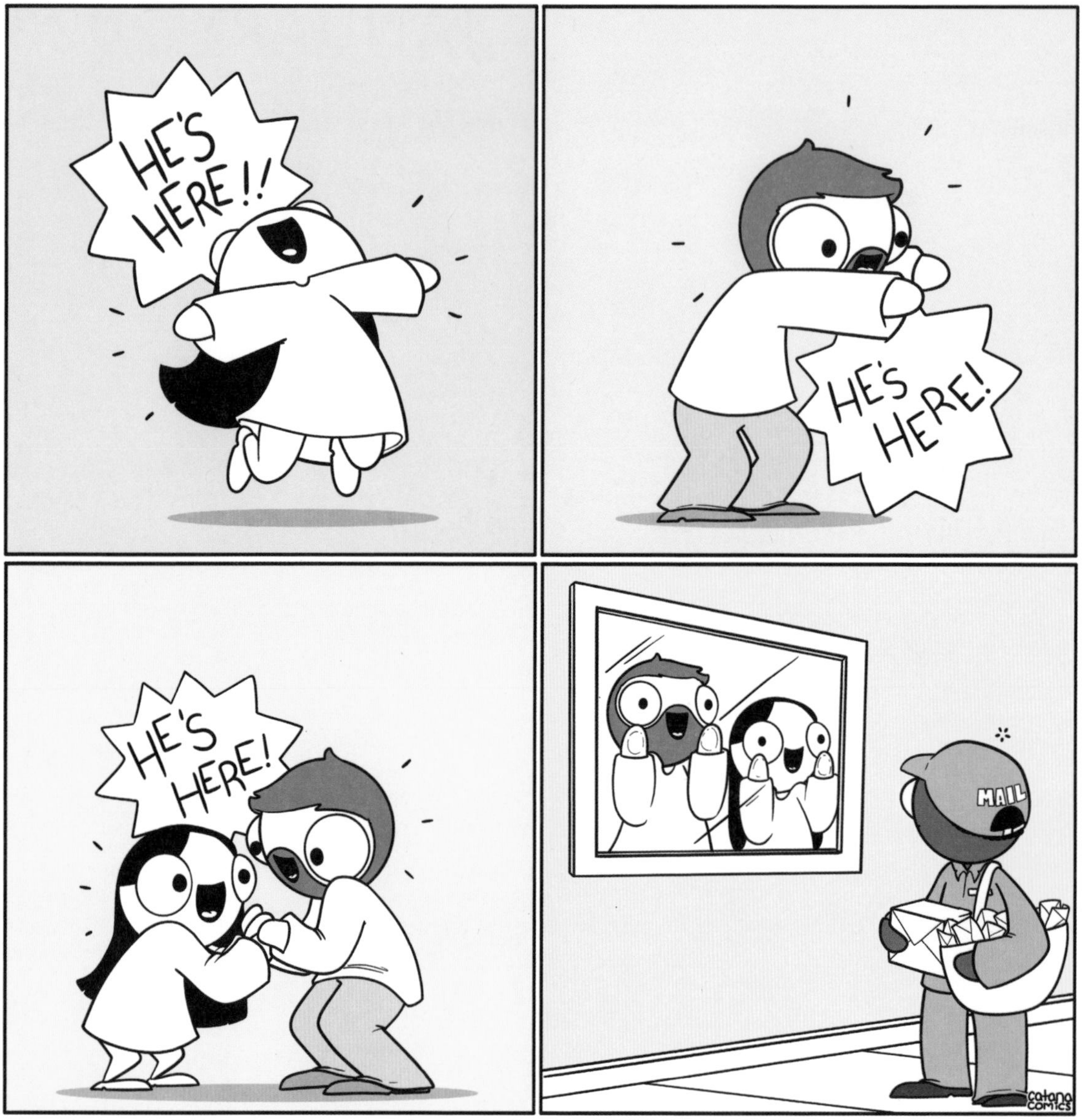
HE'S HERE!!
HE'S HERE!
HE'S HERE!
MAIL
catana comics

TO DO

JANUARY 2023

MONDAY
9

TUESDAY
10

WEDNESDAY
11

THURSDAY
12

FRIDAY
13

SATURDAY
14

SUNDAY
15

◑ Last Quarter

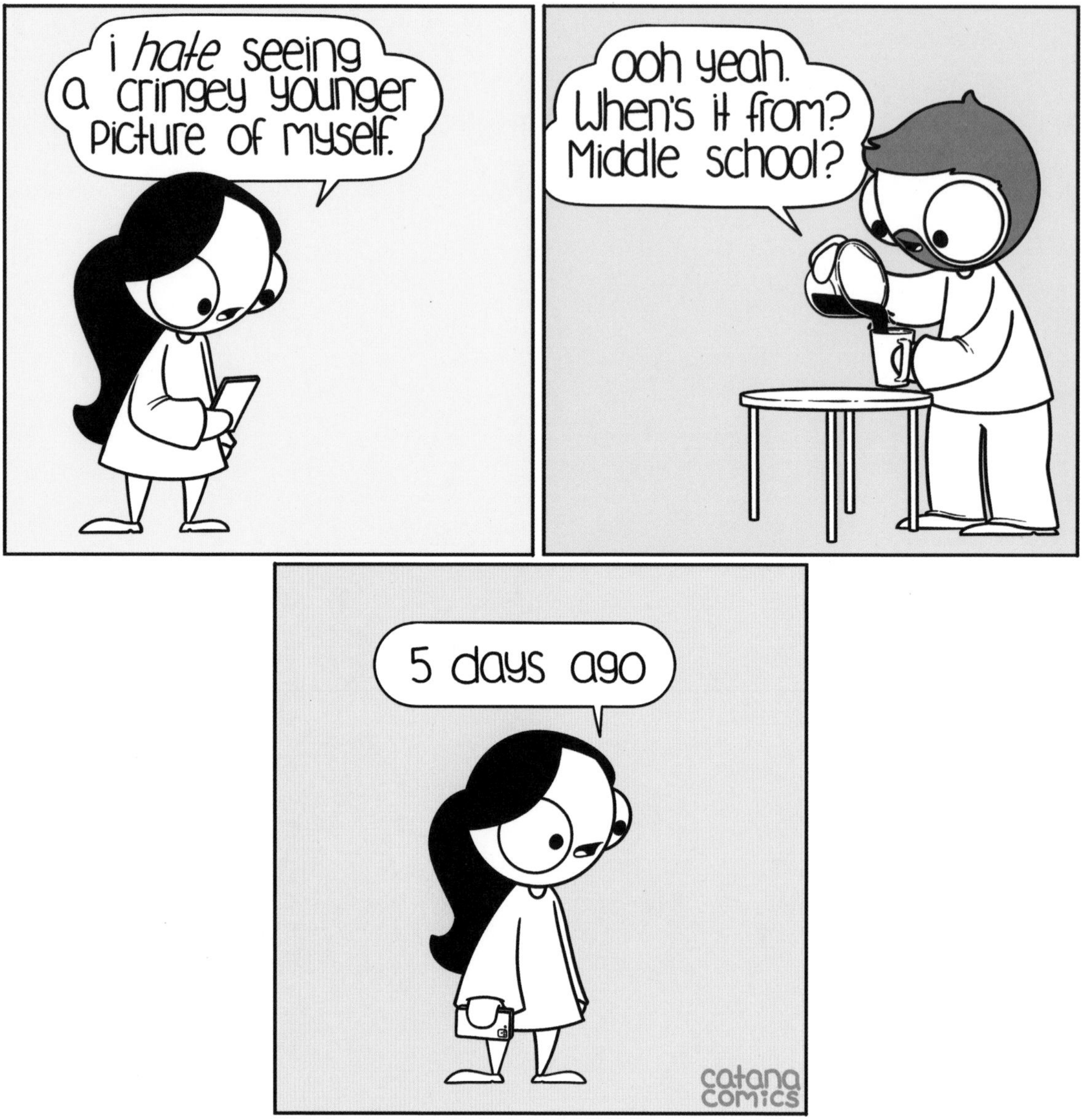
i *hate* seeing a cringey younger picture of myself.
ooh yeah. When's it from? Middle school?
5 days ago
catana comics

TO DO

JANUARY 2023

MONDAY
Martin Luther King Jr. Day (USA)
16

TUESDAY
17

WEDNESDAY
18

THURSDAY
19

FRIDAY
20

SATURDAY
● New Moon
21

SUNDAY
Lunar New Year
(Year of the Rabbit)
22

JANUARY 2023						
S	M	T	W	T	F	S
1	2	3	4	5	6	7
8	9	10	11	12	13	14
15	16	17	18	19	20	21
22	23	24	25	26	27	28
29	30	31				

FEBRUARY 2023						
S	M	T	W	T	F	S
			1	2	3	4
5	6	7	8	9	10	11
12	13	14	15	16	17	18
19	20	21	22	23	24	25
26	27	28				

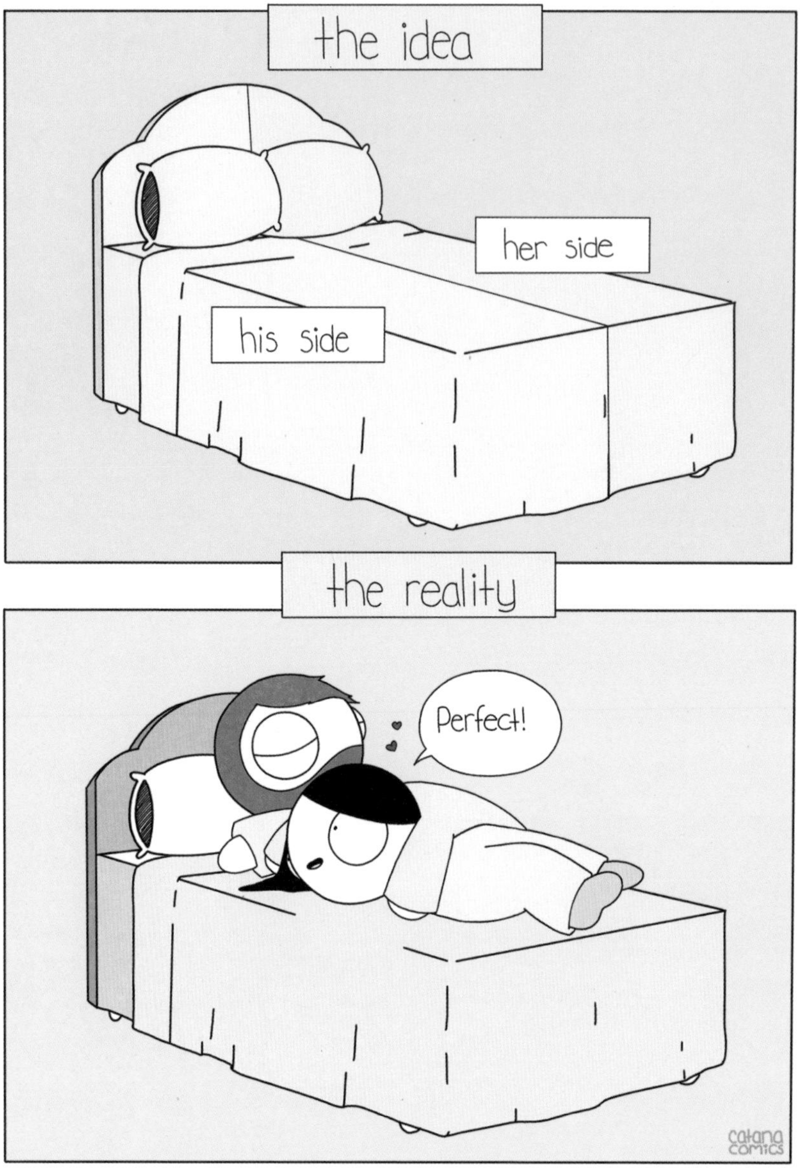
the idea
her side
his side
the reality
Perfect!
catana comics

TO DO

JANUARY 2023

MONDAY
23

TUESDAY
24

WEDNESDAY
25

THURSDAY   Australia Day
26

FRIDAY
27

SATURDAY   ☽ First Quarter
28

SUNDAY
29

JANUARY 2023						
S	M	T	W	T	F	S
1	2	3	4	5	6	7
8	9	10	11	12	13	14
15	16	17	18	19	20	21
22	23	24	25	26	27	28
29	30	31				

FEBRUARY 2023						
S	M	T	W	T	F	S
			1	2	3	4
5	6	7	8	9	10	11
12	13	14	15	16	17	18
19	20	21	22	23	24	25
26	27	28				

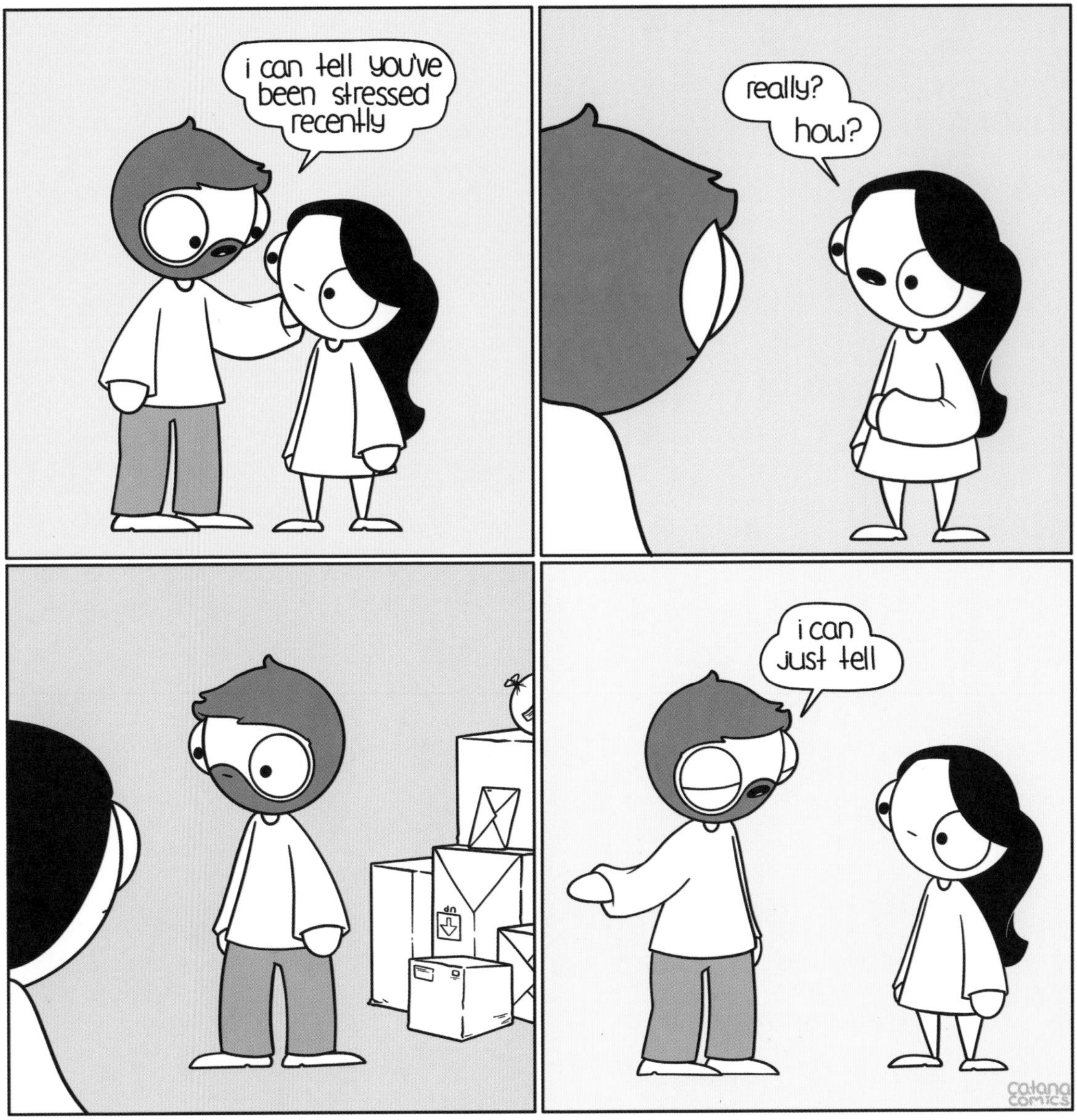
i can tell you've been stressed recently
really?
how?
i can just tell
catana comics

TO DO

JANUARY–FEBRUARY 2023

MONDAY
30

TUESDAY
31

WEDNESDAY
1

THURSDAY
2

FRIDAY
3

SATURDAY
4

SUNDAY
5
○ Full Moon

JANUARY 2023

S	M	T	W	T	F	S
1	2	3	4	5	6	7
8	9	10	11	12	13	14
15	16	17	18	19	20	21
22	23	24	25	26	27	28
29	30	31				

FEBRUARY 2023

S	M	T	W	T	F	S
			1	2	3	4
5	6	7	8	9	10	11
12	13	14	15	16	17	18
19	20	21	22	23	24	25
26	27	28				

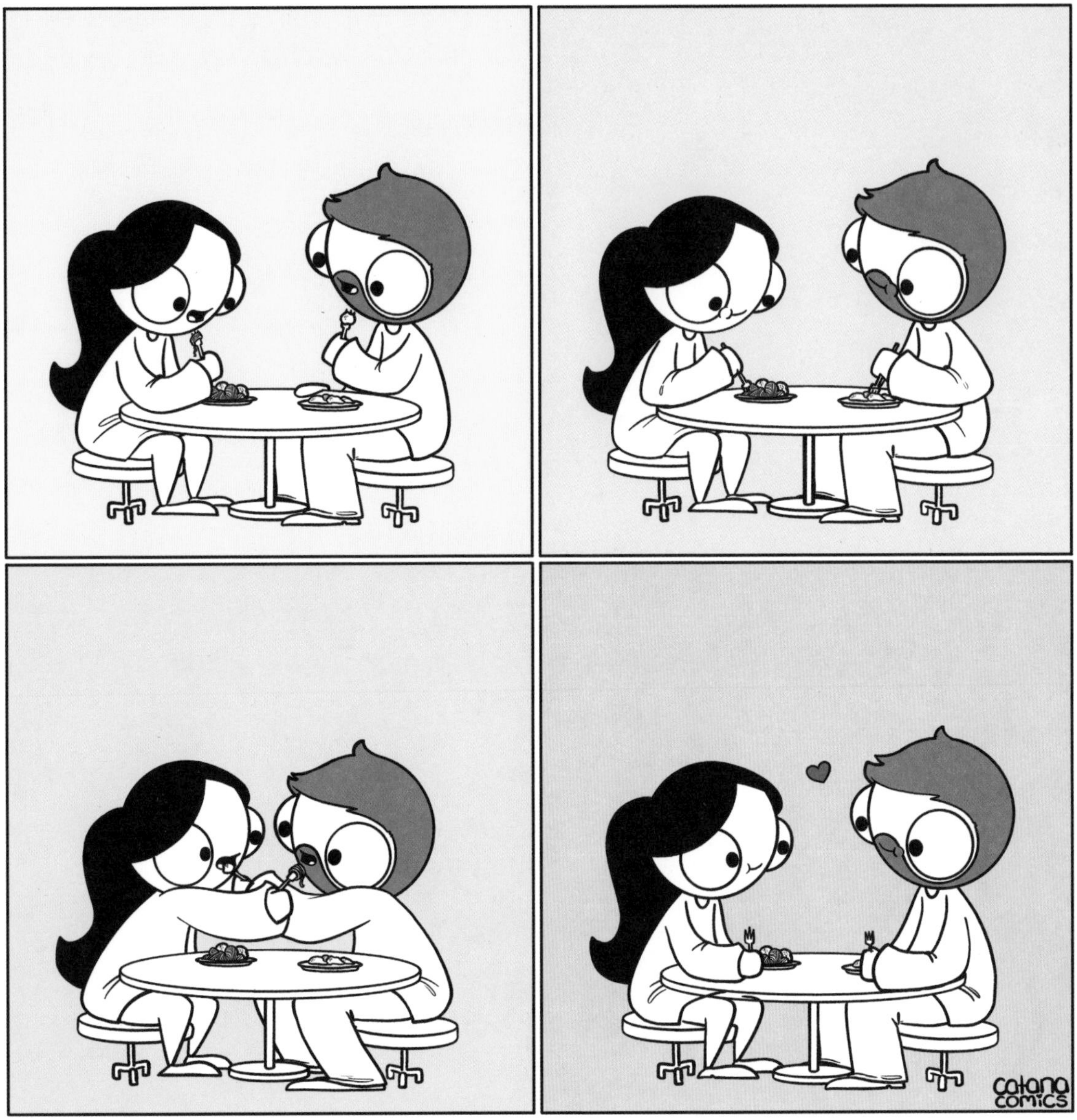
catana comics

TO DO

FEBRUARY 2023

MONDAY
6

TUESDAY
7

WEDNESDAY
8

THURSDAY
9

FRIDAY
10

SATURDAY
11

SUNDAY
12

FEBRUARY 2023

S	M	T	W	T	F	S
			1	2	3	4
5	6	7	8	9	10	11
12	13	14	15	16	17	18
19	20	21	22	23	24	25
26	27	28				

MARCH 2023

S	M	T	W	T	F	S
			1	2	3	4
5	6	7	8	9	10	11
12	13	14	15	16	17	18
19	20	21	22	23	24	25
26	27	28	29	30	31	

Trying To Be Romantic in Winter Clothes

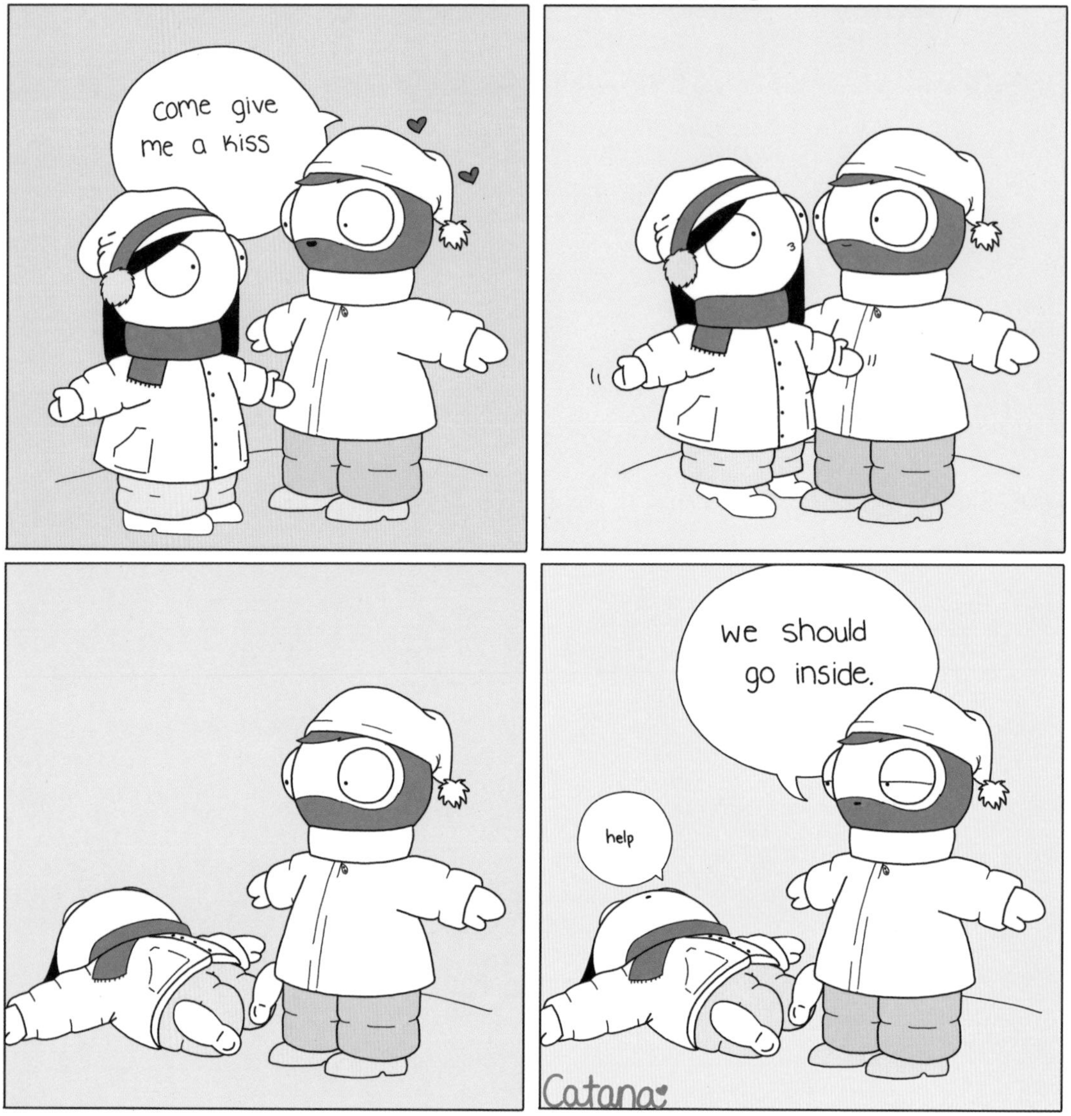
come give me a kiss
we should go inside.
help
Catana

TO DO

FEBRUARY 2023

MONDAY
13
◑ Last Quarter

TUESDAY
14
St. Valentine's Day

WEDNESDAY
15

THURSDAY
16

FRIDAY
17

SATURDAY
18

SUNDAY
19

FEBRUARY 2023

S	M	T	W	T	F	S
			1	2	3	4
5	6	7	8	9	10	11
12	13	14	15	16	17	18
19	20	21	22	23	24	25
26	27	28				

MARCH 2023

S	M	T	W	T	F	S
			1	2	3	4
5	6	7	8	9	10	11
12	13	14	15	16	17	18
19	20	21	22	23	24	25
26	27	28	29	30	31	

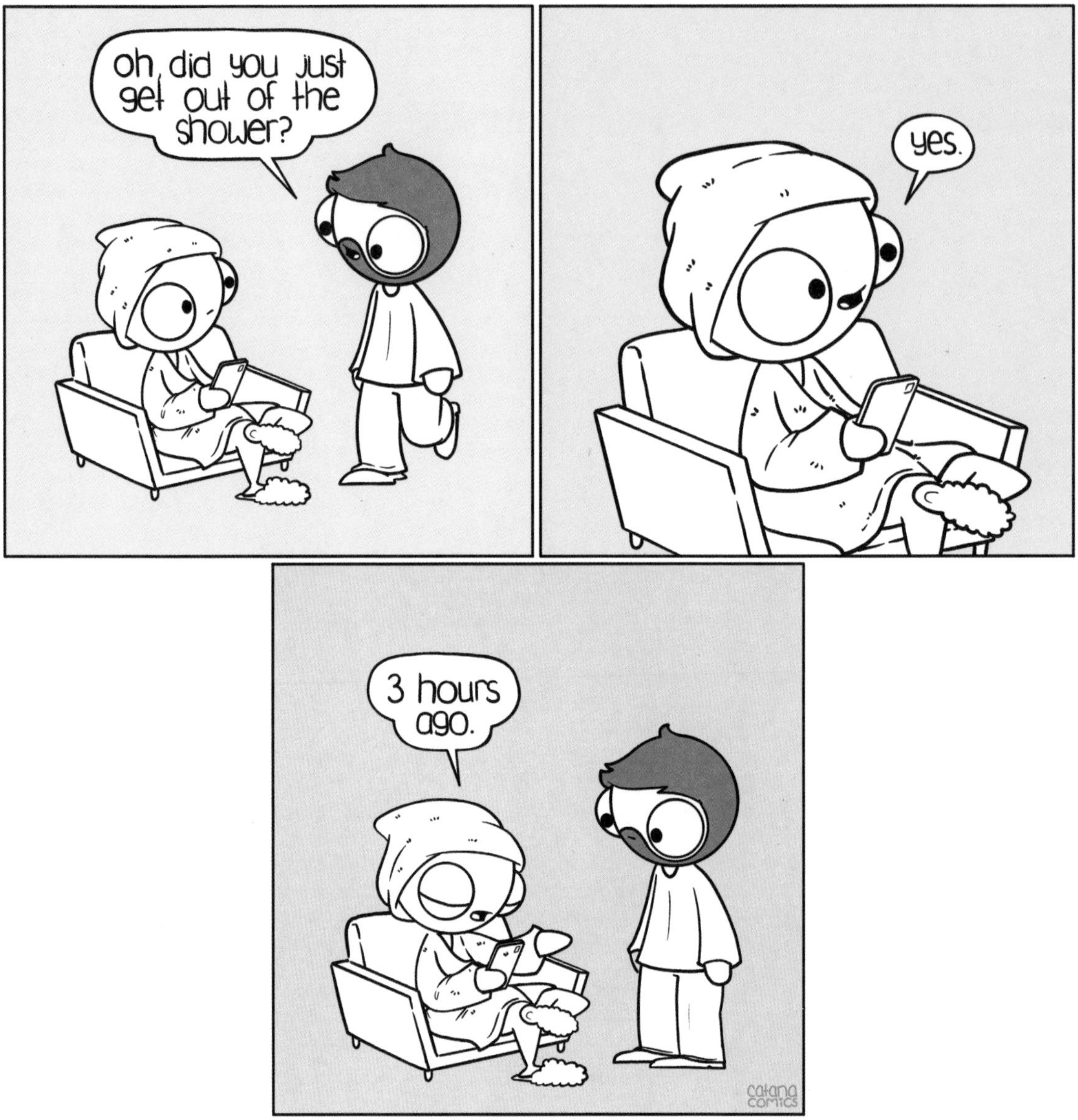
oh, did you just get out of the shower?
yes.
3 hours ago.
catana comics

TO DO

FEBRUARY 2023

MONDAY
20

● New Moon
Presidents' Day (USA)

TUESDAY
21

WEDNESDAY
22

Ash Wednesday

THURSDAY
23

FRIDAY
24

SATURDAY
25

SUNDAY
26

FEBRUARY 2023

S	M	T	W	T	F	S
			1	2	3	4
5	6	7	8	9	10	11
12	13	14	15	16	17	18
19	20	21	22	23	24	25
26	27	28				

MARCH 2023

S	M	T	W	T	F	S
			1	2	3	4
5	6	7	8	9	10	11
12	13	14	15	16	17	18
19	20	21	22	23	24	25
26	27	28	29	30	31	

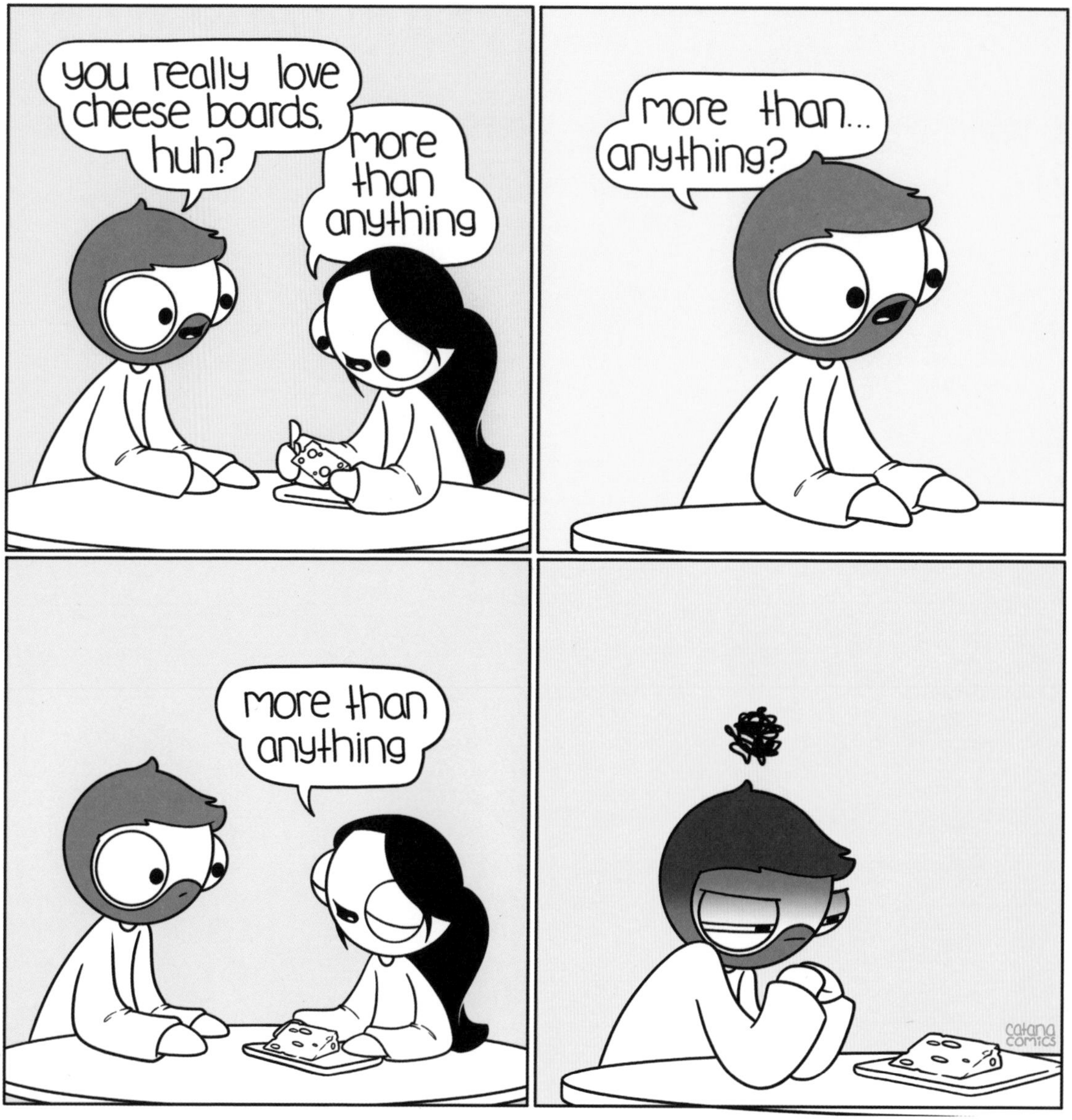
you really love cheese boards, huh?
more than anything
more than... anything?
more than anything
catana comics

TO DO

MONDAY
27

◗ First Quarter

TUESDAY
28

WEDNESDAY
1

St. David's Day (UK)

THURSDAY
2

FRIDAY
3

SATURDAY
4

SUNDAY
5

FEBRUARY 2023

S	M	T	W	T	F	S
			1	2	3	4
5	6	7	8	9	10	11
12	13	14	15	16	17	18
19	20	21	22	23	24	25
26	27	28				

MARCH 2023

S	M	T	W	T	F	S
			1	2	3	4
5	6	7	8	9	10	11
12	13	14	15	16	17	18
19	20	21	22	23	24	25
26	27	28	29	30	31	

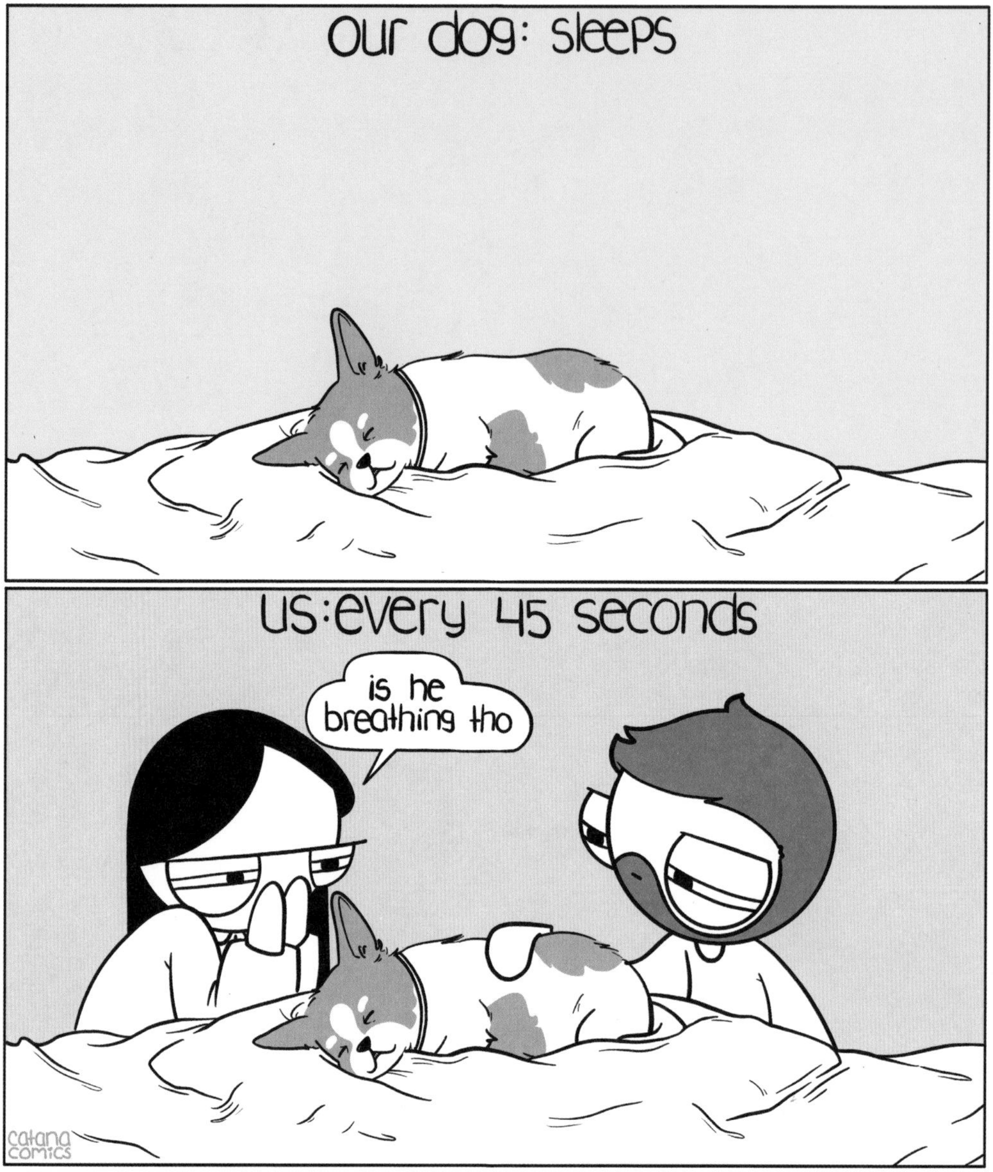
our dog: sleeps
us: every 45 seconds
is he breathing tho
catana comics

TO DO

MARCH 2023

MONDAY
6
Purim (begins at sundown)
Labour Day (Australia—WA)

TUESDAY
7
○ Full Moon

WEDNESDAY
8
International Women's Day

THURSDAY
9

FRIDAY
10

SATURDAY
11

SUNDAY
12
Daylight Saving Time
begins (USA, Canada)

MARCH 2023

S	M	T	W	T	F	S
			1	2	3	4
5	6	7	8	9	10	11
12	13	14	15	16	17	18
19	20	21	22	23	24	25
26	27	28	29	30	31	

APRIL 2023

S	M	T	W	T	F	S
						1
2	3	4	5	6	7	8
9	10	11	12	13	14	15
16	17	18	19	20	21	22
23	24	25	26	27	28	29
30						

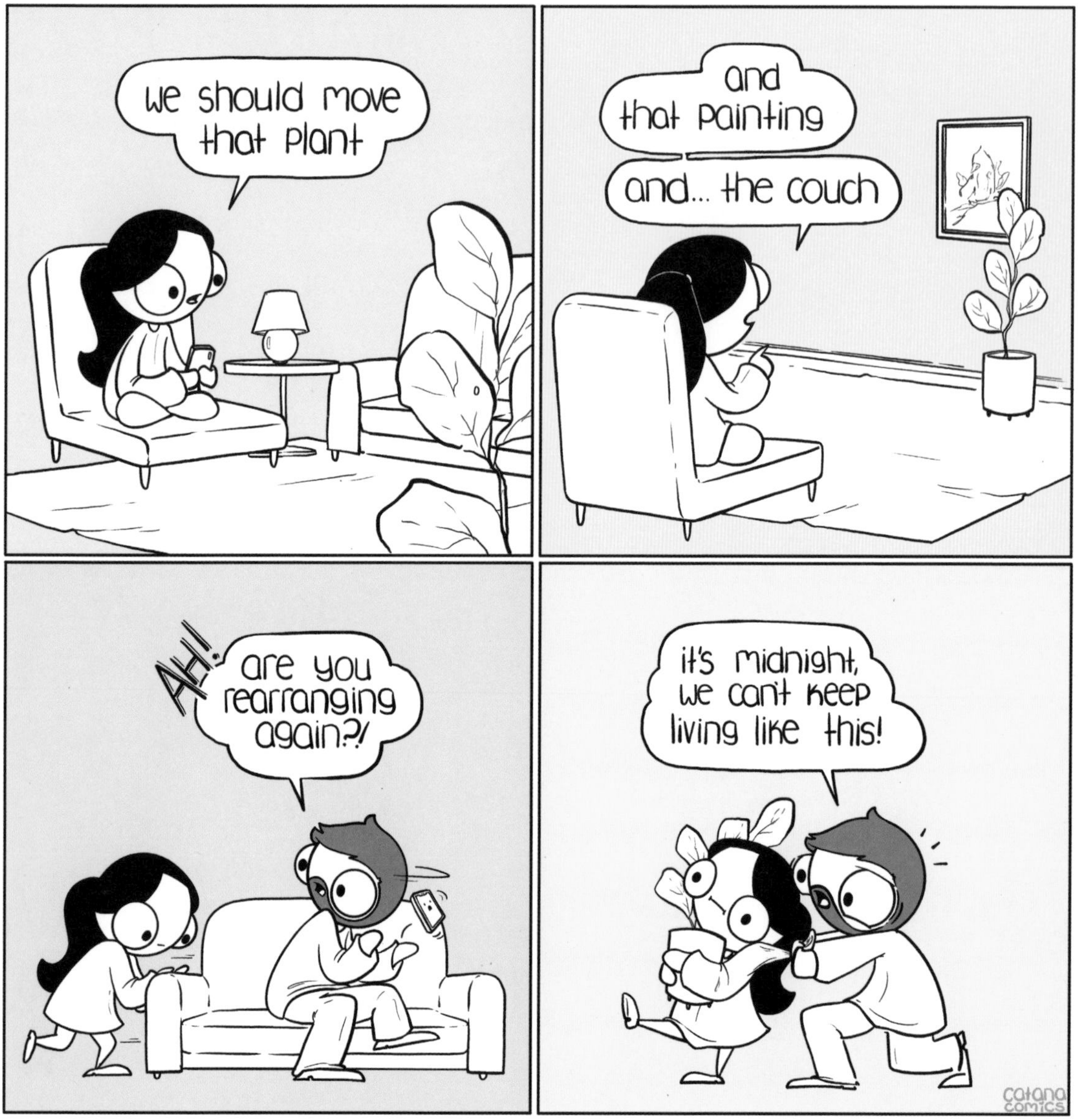
we should move that plant
and that painting
and... the couch
AH!
are you rearranging again?!
it's midnight, we can't keep living like this!
catana comics

TO DO

MARCH 2023

MONDAY
13

Eight Hours Day (Australia—TAS)
Labour Day (Australia—VIC)
Commonwealth Day
(Australia, Canada, NZ, UK)

TUESDAY
14

WEDNESDAY
15

◗ Last Quarter

THURSDAY
16

FRIDAY
17

St. Patrick's Day

SATURDAY
18

SUNDAY
19

Mothering Sunday
(Ireland, UK)

MARCH 2023						
S	M	T	W	T	F	S
			1	2	3	4
5	6	7	8	9	10	11
12	13	14	15	16	17	18
19	20	21	22	23	24	25
26	27	28	29	30	31	

APRIL 2023						
S	M	T	W	T	F	S
						1
2	3	4	5	6	7	8
9	10	11	12	13	14	15
16	17	18	19	20	21	22
23	24	25	26	27	28	29
30						

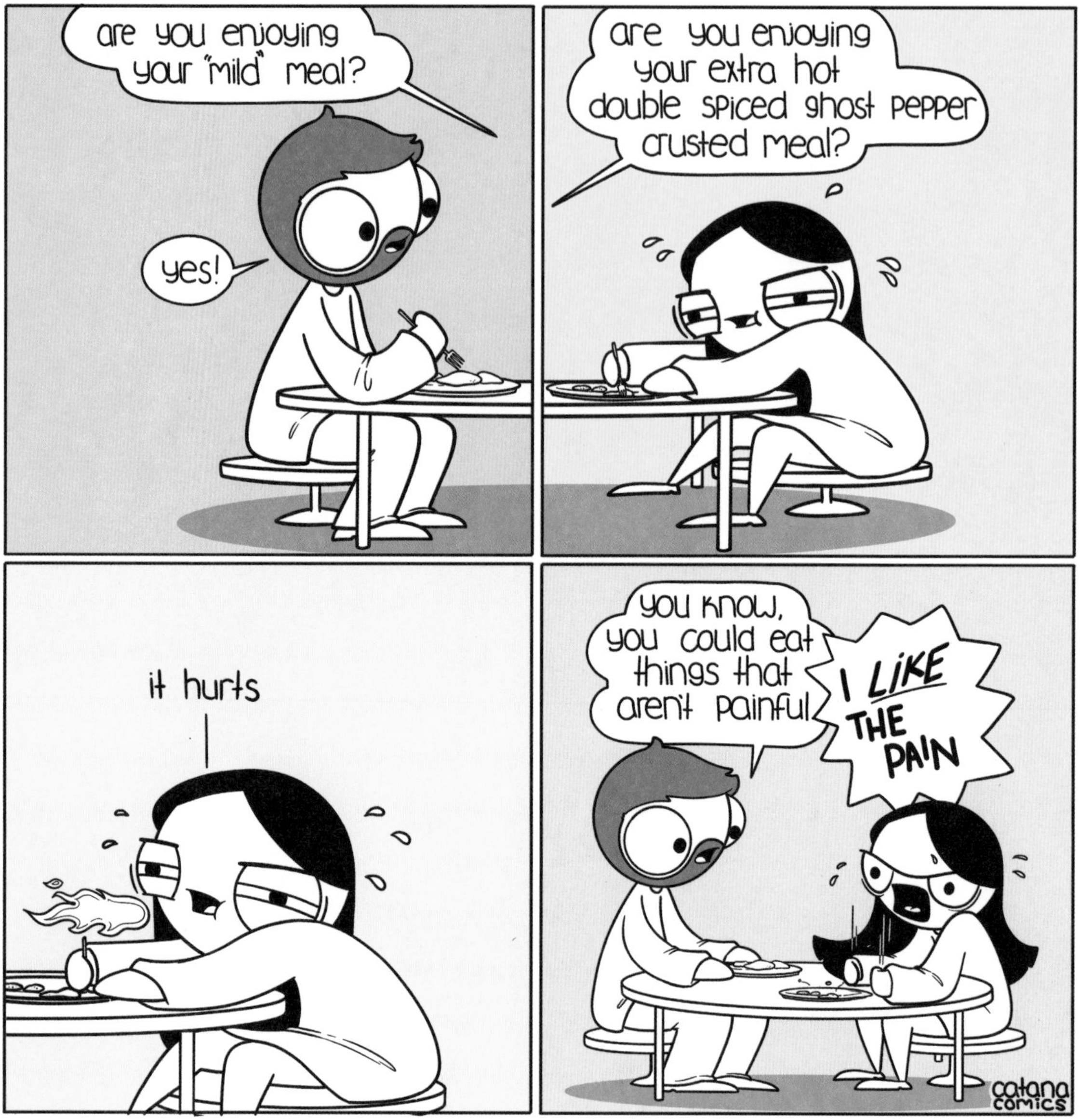
are you enjoying your "mild" meal?
yes!
are you enjoying your extra hot double spiced ghost pepper crusted meal?
it hurts
you know, you could eat things that aren't painful
I LIKE THE PAIN
catana comics

TO DO

MARCH 2023

MONDAY
20
Vernal Equinox

TUESDAY
21
● New Moon

WEDNESDAY
22
Ramadan

THURSDAY
23

FRIDAY
24

SATURDAY
25

SUNDAY
26

MARCH 2023
S	M	T	W	T	F	S
			1	2	3	4
5	6	7	8	9	10	11
12	13	14	15	16	17	18
19	20	21	22	23	24	25
26	27	28	29	30	31	

APRIL 2023
S	M	T	W	T	F	S
						1
2	3	4	5	6	7	8
9	10	11	12	13	14	15
16	17	18	19	20	21	22
23	24	25	26	27	28	29
30						

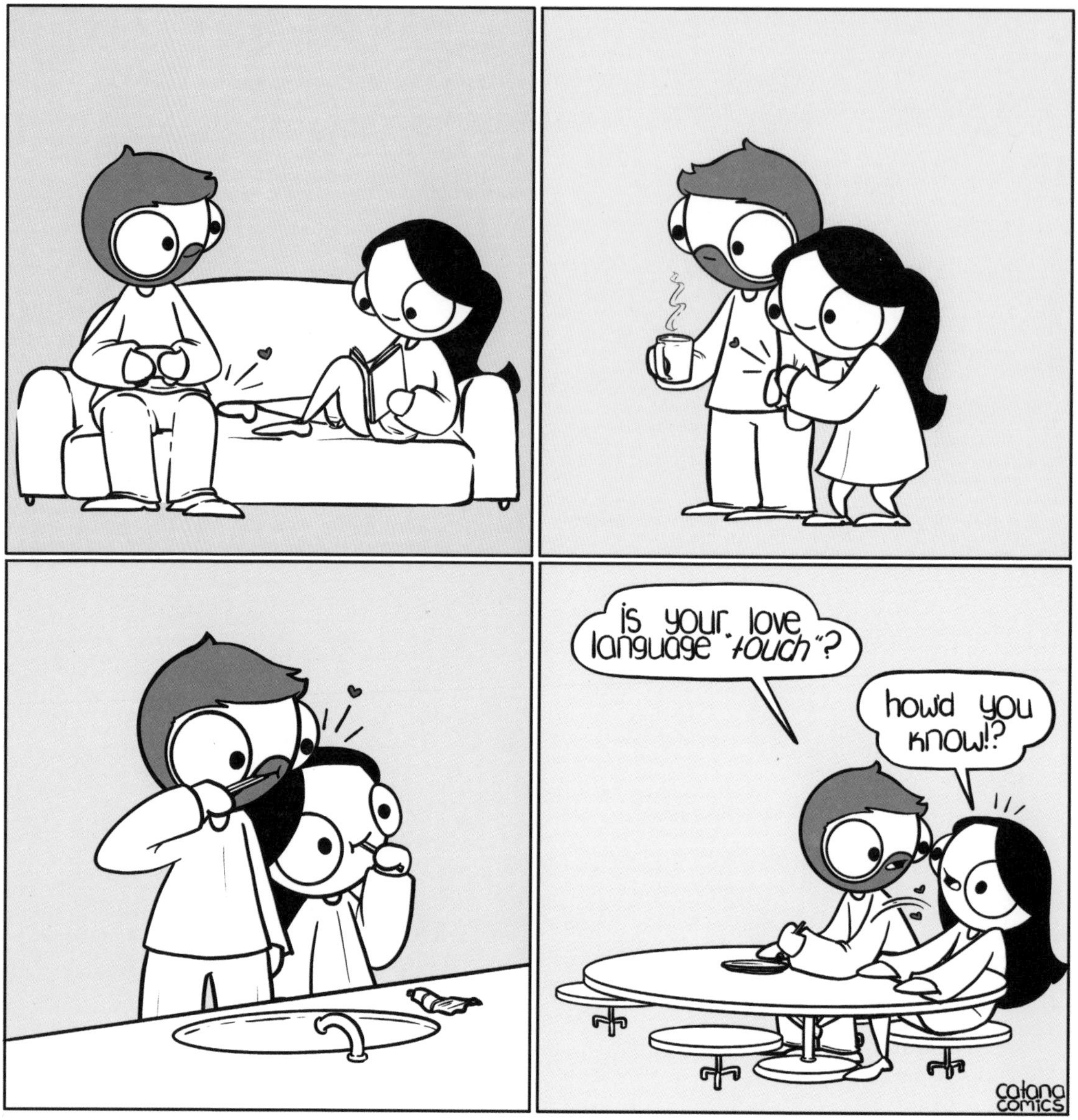
is your love language "touch"?
how'd you know!?
catana comics

TO DO

MARCH–APRIL 2023

MONDAY
27

TUESDAY
28

WEDNESDAY ◑ First Quarter
29

THURSDAY
30

FRIDAY
31

SATURDAY
1

SUNDAY Palm Sunday
2

MARCH 2023						
S	M	T	W	T	F	S
			1	2	3	4
5	6	7	8	9	10	11
12	13	14	15	16	17	18
19	20	21	22	23	24	25
26	27	28	29	30	31	

APRIL 2023						
S	M	T	W	T	F	S
						1
2	3	4	5	6	7	8
9	10	11	12	13	14	15
16	17	18	19	20	21	22
23	24	25	26	27	28	29
30						

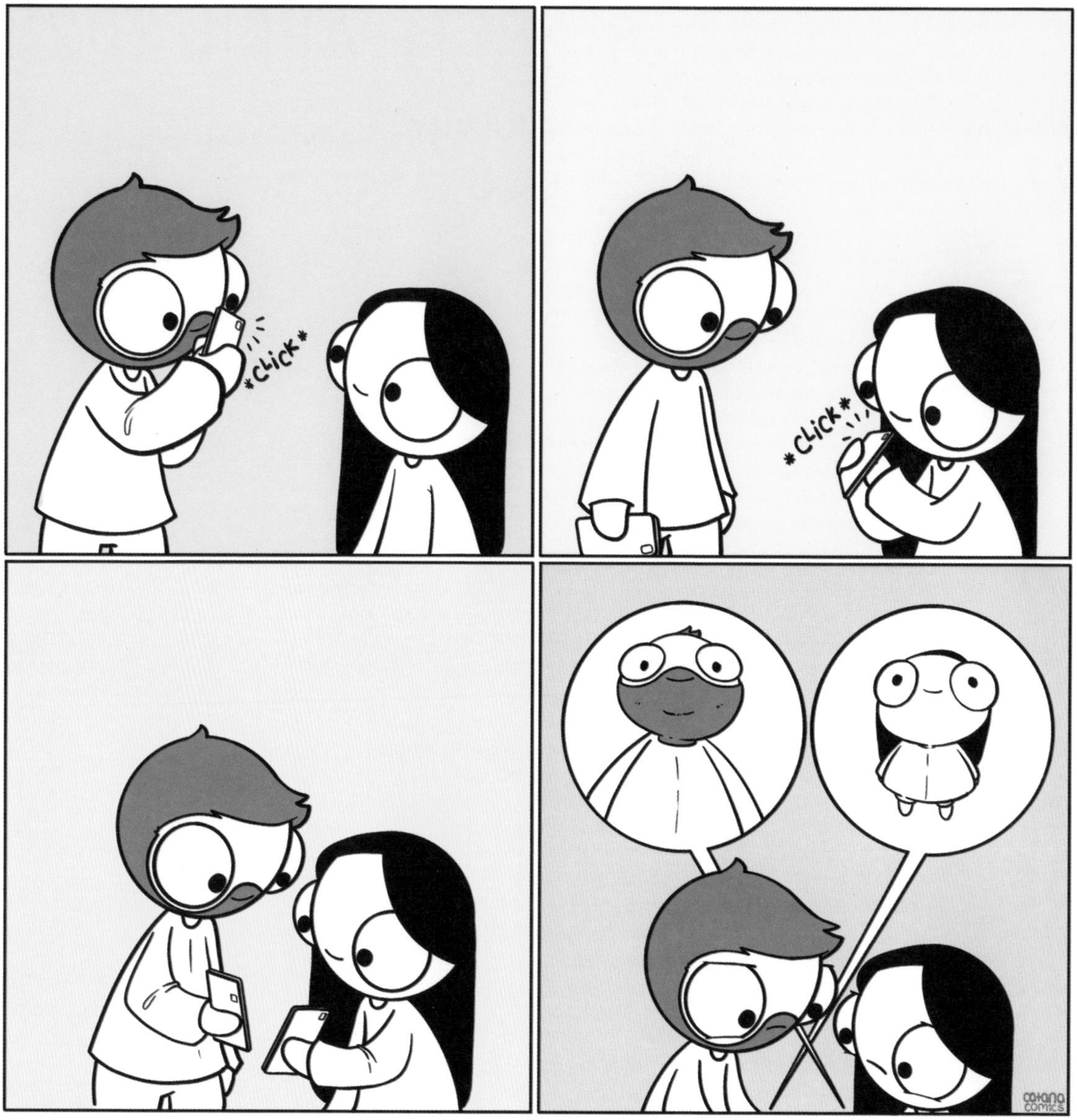
CLICK
CLICK
catana comics

TO DO

APRIL 2023

MONDAY
3

TUESDAY
4

WEDNESDAY   Passover (begins at sundown)
5

THURSDAY   ○ Full Moon
6

FRIDAY   Good Friday (Western)
7

SATURDAY
8

SUNDAY   Easter (Western)
9

APRIL 2023

S	M	T	W	T	F	S
						1
2	3	4	5	6	7	8
9	10	11	12	13	14	15
16	17	18	19	20	21	22
23	24	25	26	27	28	29
30						

MAY 2023

S	M	T	W	T	F	S
	1	2	3	4	5	6
7	8	9	10	11	12	13
14	15	16	17	18	19	20
21	22	23	24	25	26	27
28	29	30	31			

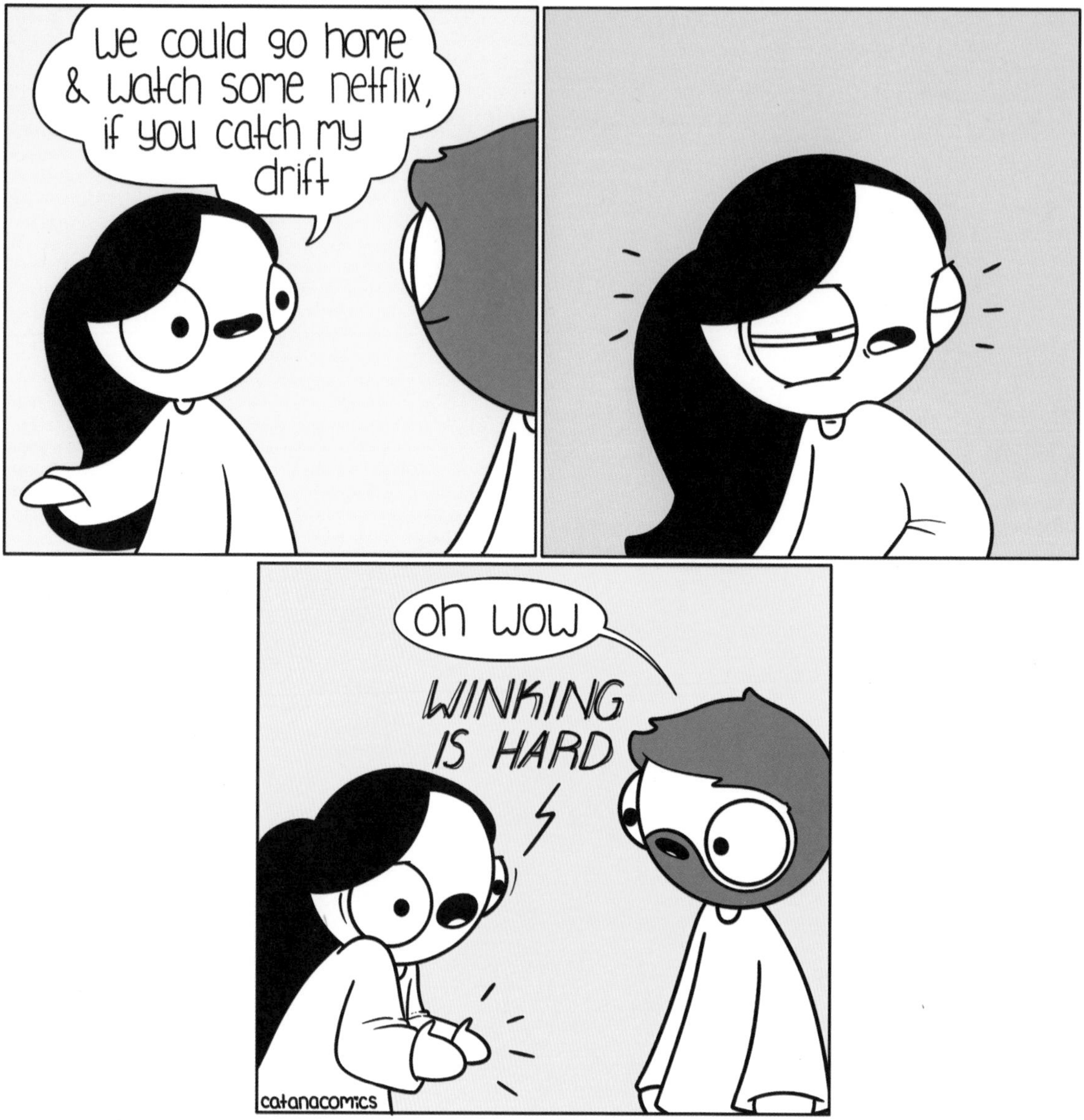
we could go home & watch some netflix, if you catch my drift
oh wow
WINKING IS HARD
catanacomics

TO DO

APRIL 2023

MONDAY
10
Easter Monday
(Australia, Canada, Ireland, NZ,
UK—except Scotland)

TUESDAY
11

WEDNESDAY
12

THURSDAY
13
◑ Last Quarter
Passover ends

FRIDAY
14
Holy Friday (Orthodox)

SATURDAY
15

SUNDAY
16
Easter (Orthodox)

APRIL 2023						
S	M	T	W	T	F	S
						1
2	3	4	5	6	7	8
9	10	11	12	13	14	15
16	17	18	19	20	21	22
23	24	25	26	27	28	29
30						

MAY 2023						
S	M	T	W	T	F	S
	1	2	3	4	5	6
7	8	9	10	11	12	13
14	15	16	17	18	19	20
21	22	23	24	25	26	27
28	29	30	31			

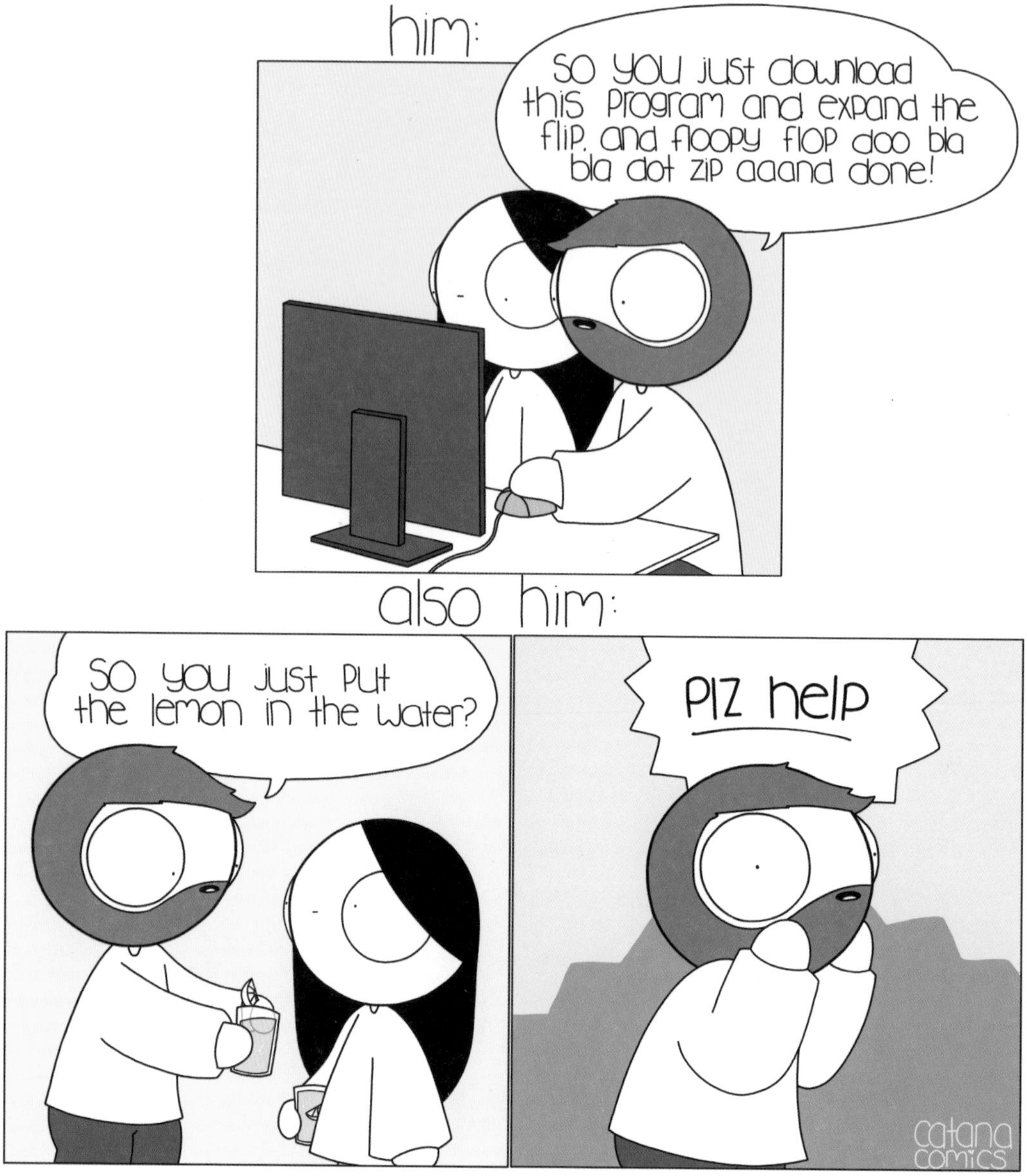
him:
SO YOU JUST DOWNLOAD THIS PROGRAM AND EXPAND THE FLIP, AND FLOOPY FLOP DOO BLA BLA DOT ZIP AAAND DONE!
also him:
SO YOU JUST PUT THE LEMON IN THE WATER?
PLZ HELP
catana comics

TO DO

APRIL 2023

MONDAY
17

Yom HaShoah
(begins at sundown)

TUESDAY
18

WEDNESDAY
19

THURSDAY
20

● New Moon

FRIDAY
21

Eid al-Fitr

SATURDAY
22

Earth Day

SUNDAY
23

St. George's Day (UK)

APRIL 2023						
S	M	T	W	T	F	S
						1
2	3	4	5	6	7	8
9	10	11	12	13	14	15
16	17	18	19	20	21	22
23	24	25	26	27	28	29
30						

MAY 2023						
S	M	T	W	T	F	S
	1	2	3	4	5	6
7	8	9	10	11	12	13
14	15	16	17	18	19	20
21	22	23	24	25	26	27
28	29	30	31			

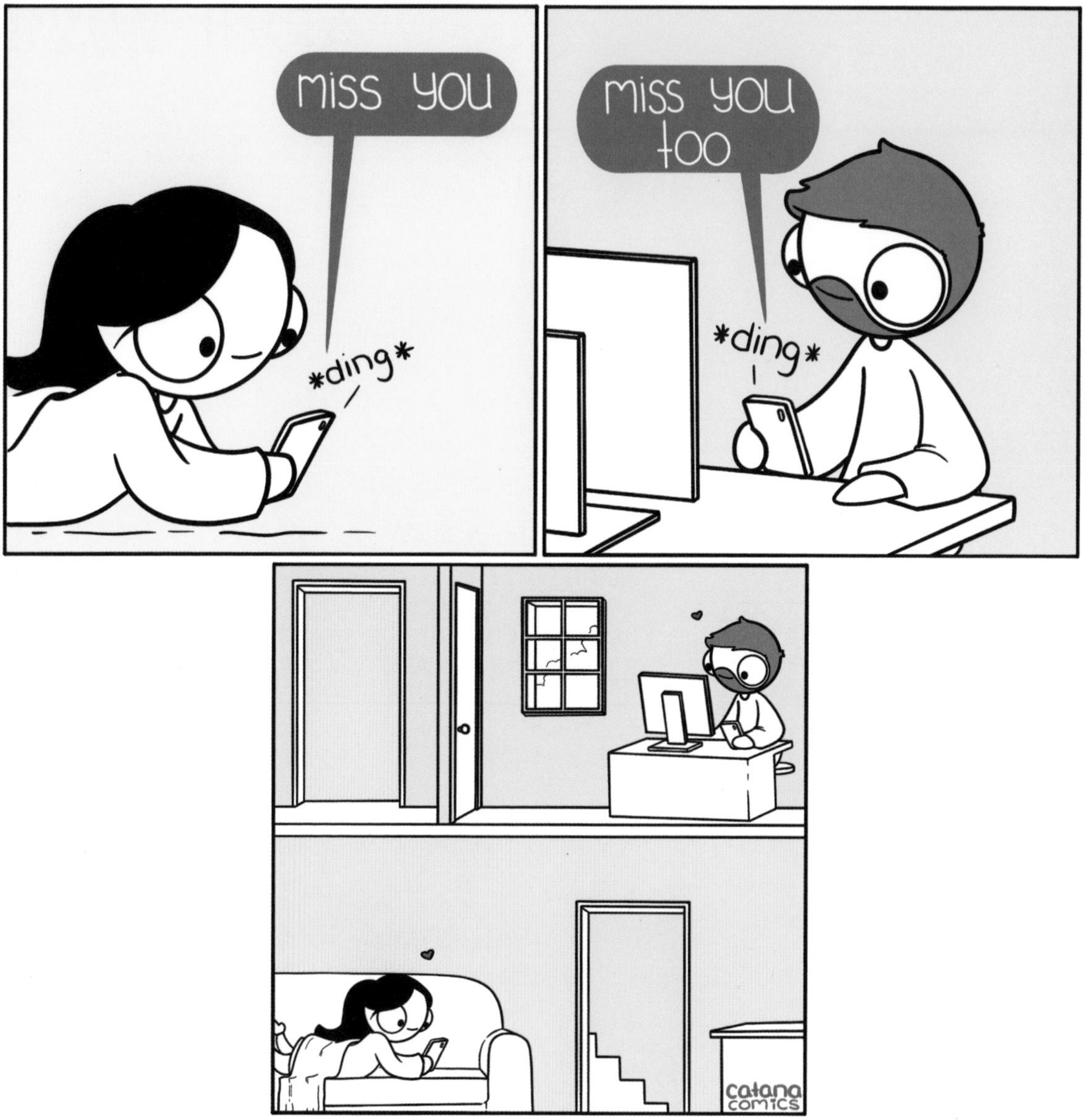
miss you
ding
miss you too
ding
catana comics

TO DO

APRIL 2023

MONDAY
24

TUESDAY
25
Anzac Day (NZ, Australia)

WEDNESDAY
26

THURSDAY
27
◑ First Quarter

FRIDAY
28

SATURDAY
29

SUNDAY
30

APRIL 2023						
S	M	T	W	T	F	S
						1
2	3	4	5	6	7	8
9	10	11	12	13	14	15
16	17	18	19	20	21	22
23	24	25	26	27	28	29
30						

MAY 2023						
S	M	T	W	T	F	S
	1	2	3	4	5	6
7	8	9	10	11	12	13
14	15	16	17	18	19	20
21	22	23	24	25	26	27
28	29	30	31			

PROCRASTINATION

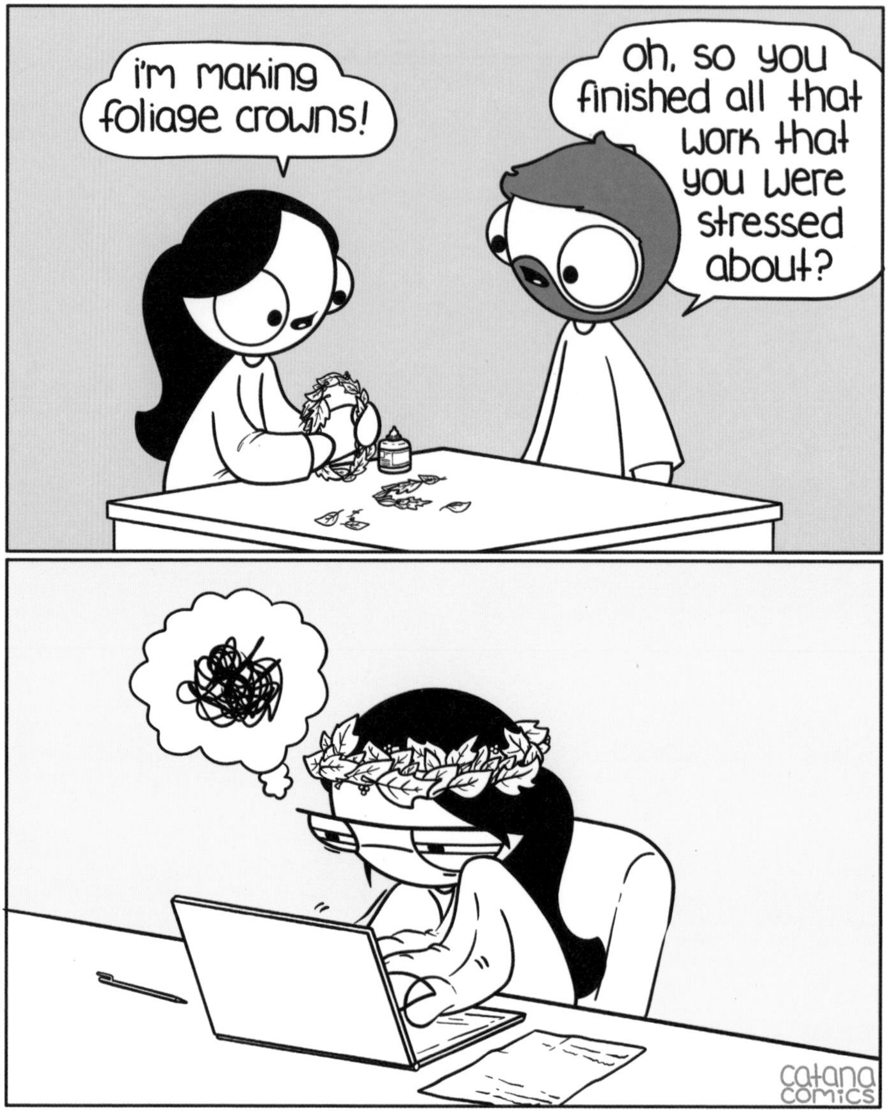

i'm making foliage crowns!
oh, so you finished all that work that you were stressed about?
catana comics

TO DO

MONDAY
1

May Day (Australia—NT)
Labour Day (Australia—QLD)
Early May Bank Holiday
(Ireland, UK)

TUESDAY
2

WEDNESDAY
3

THURSDAY
4

FRIDAY
5

○ Full Moon

SATURDAY
6

SUNDAY
7

MAY 2023						
S	M	T	W	T	F	S
	1	2	3	4	5	6
7	8	9	10	11	12	13
14	15	16	17	18	19	20
21	22	23	24	25	26	27
28	29	30	31			

JUNE 2023						
S	M	T	W	T	F	S
				1	2	3
4	5	6	7	8	9	10
11	12	13	14	15	16	17
18	19	20	21	22	23	24
25	26	27	28	29	30	

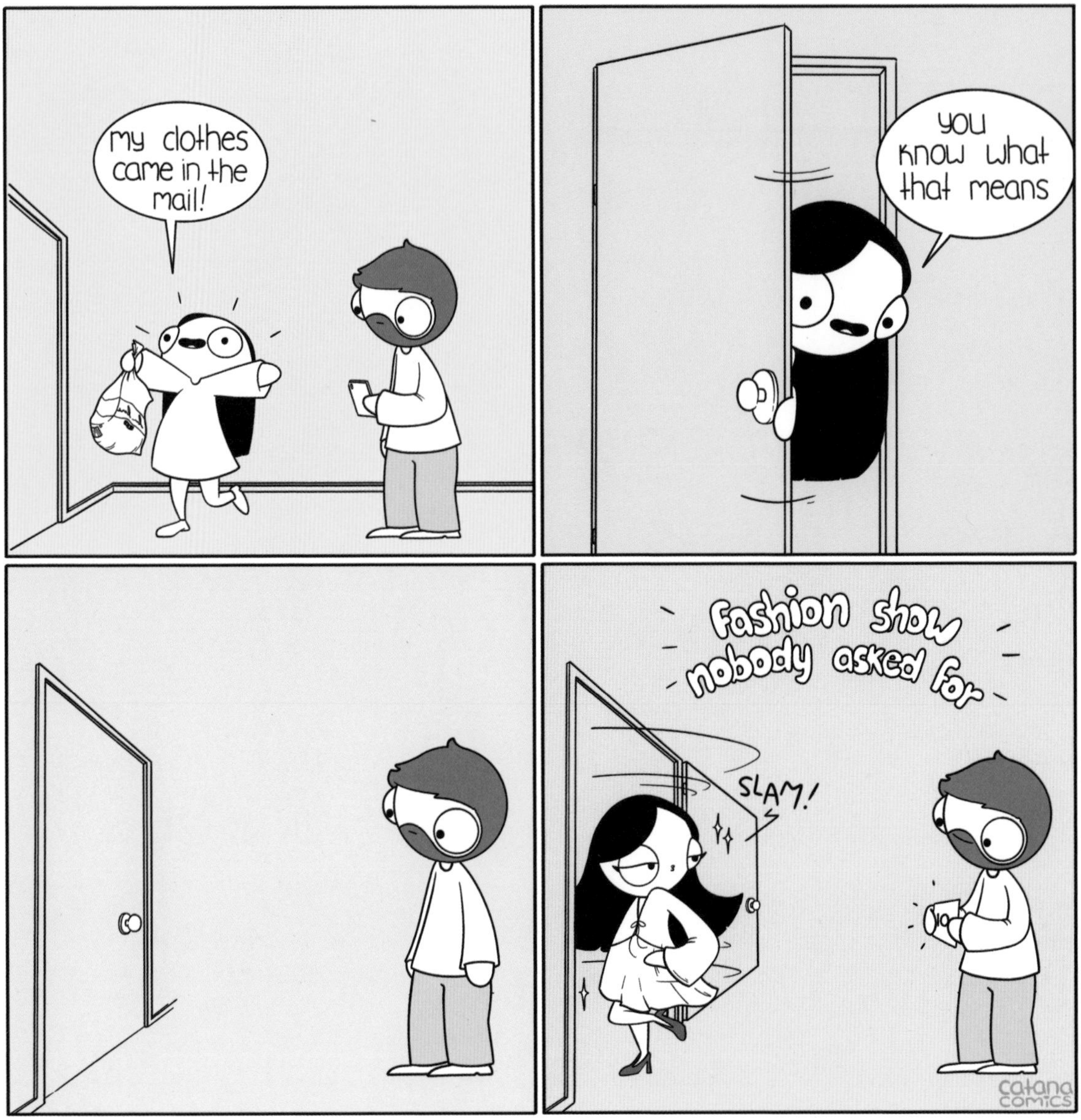
my clothes came in the mail!
you know what that means
Fashion show nobody asked for
SLAM!
catana comics

TO DO

MAY 2023

MONDAY
8

TUESDAY
9

WEDNESDAY
10

THURSDAY
11

FRIDAY
12   ◐ Last Quarter

SATURDAY
13

SUNDAY
14   Mother's Day (USA, Australia, Canada, NZ)

MAY 2023						
S	M	T	W	T	F	S
	1	2	3	4	5	6
7	8	9	10	11	12	13
14	15	16	17	18	19	20
21	22	23	24	25	26	27
28	29	30	31			

JUNE 2023						
S	M	T	W	T	F	S
				1	2	3
4	5	6	7	8	9	10
11	12	13	14	15	16	17
18	19	20	21	22	23	24
25	26	27	28	29	30	

Long-Term Relationship Flirting

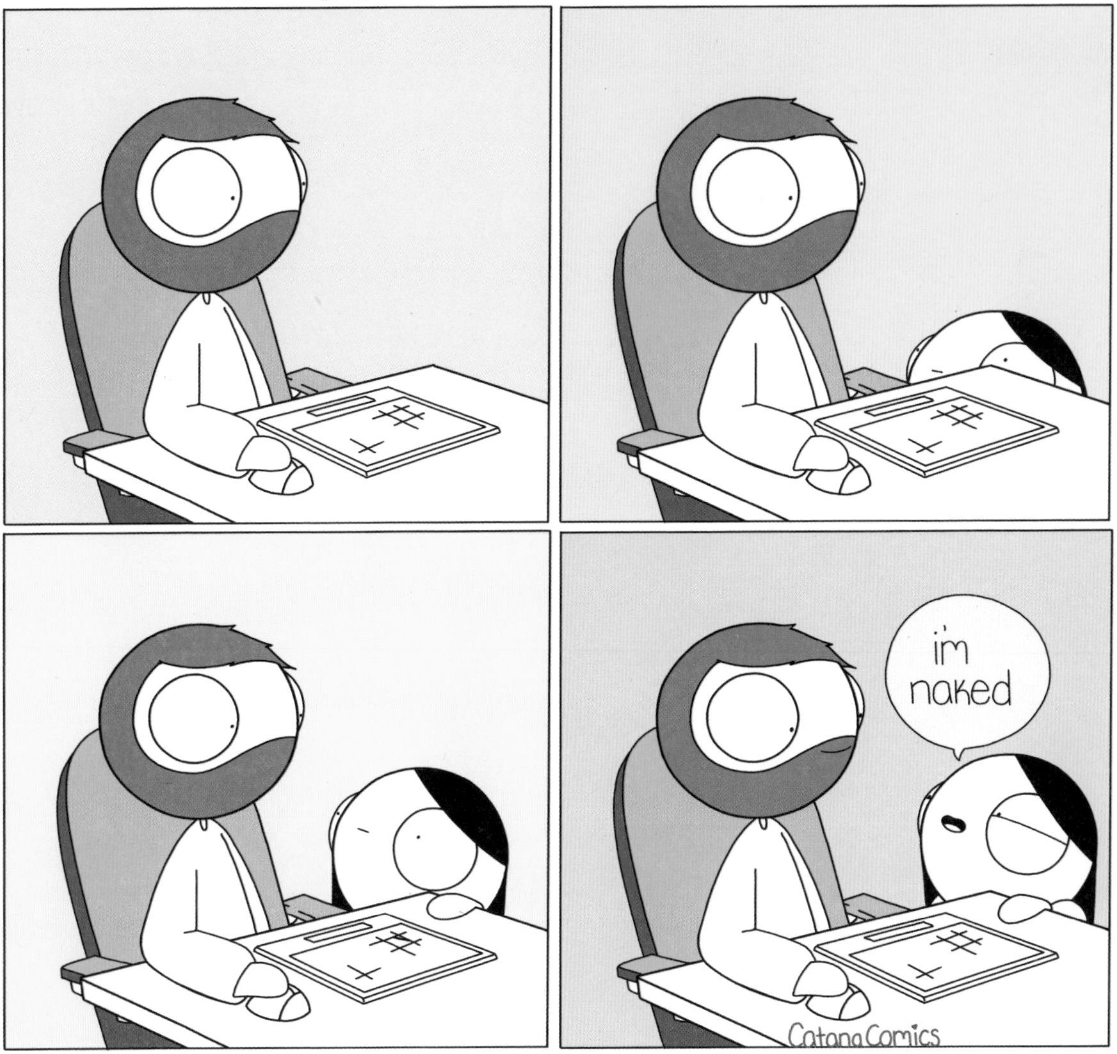
im
naked
CatanaComics

TO DO

MAY 2023

MONDAY
15

TUESDAY
16

WEDNESDAY
17

THURSDAY
18

FRIDAY ● New Moon
19

SATURDAY
20
Armed Forces Day
(USA)

SUNDAY
21

MAY 2023						
S	M	T	W	T	F	S
	1	2	3	4	5	6
7	8	9	10	11	12	13
14	15	16	17	18	19	20
21	22	23	24	25	26	27
28	29	30	31			

JUNE 2023						
S	M	T	W	T	F	S
				1	2	3
4	5	6	7	8	9	10
11	12	13	14	15	16	17
18	19	20	21	22	23	24
25	26	27	28	29	30	

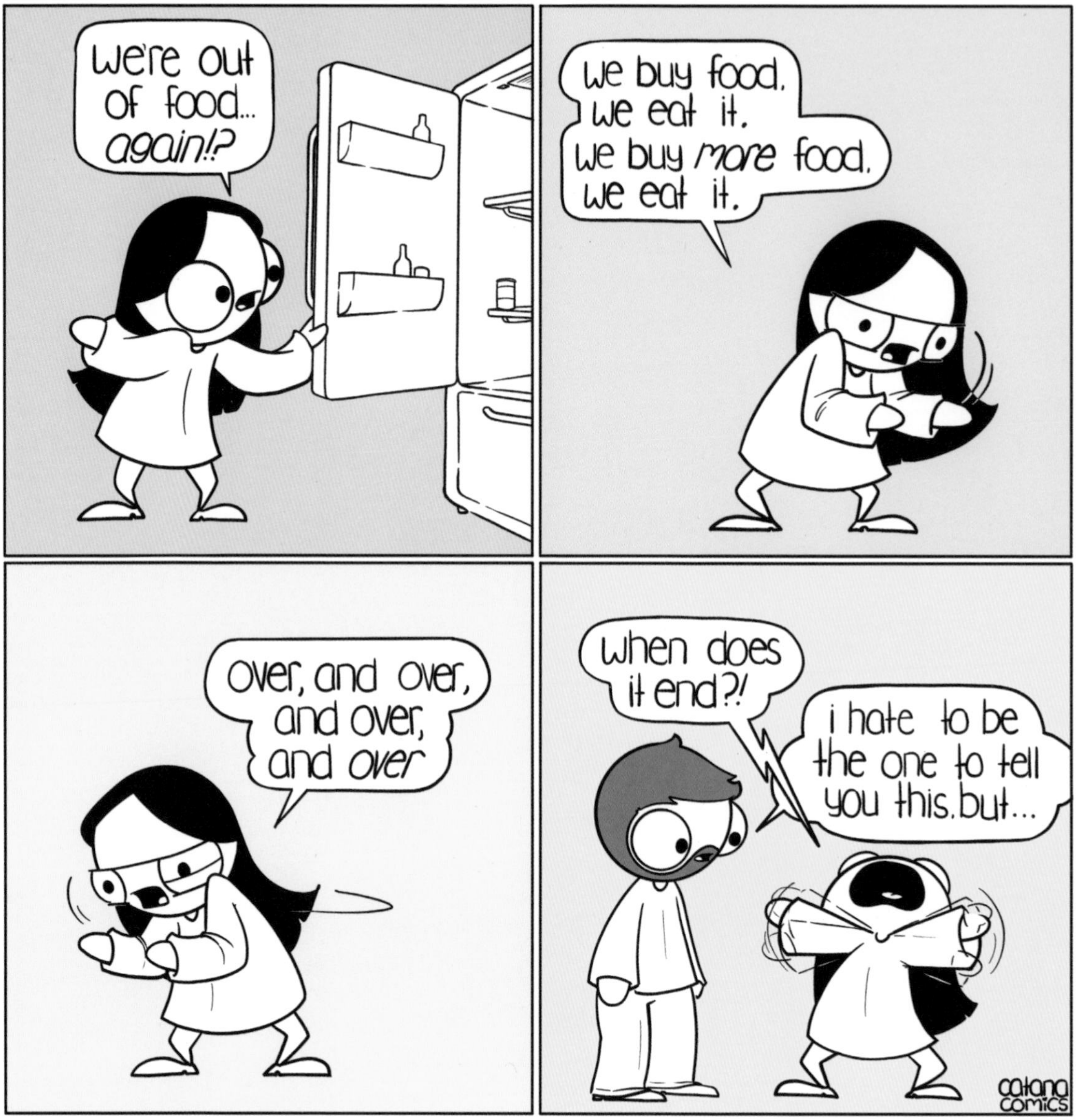
we're out of food... again!?
we buy food, we eat it, we buy more food, we eat it.
over, and over, and over, and over
when does it end?!
i hate to be the one to tell you this, but...
catana comics

TO DO

MONDAY
22
Victoria Day (Canada)

TUESDAY
23

WEDNESDAY
24

THURSDAY
25

FRIDAY
26

SATURDAY
27
◑ First Quarter

SUNDAY
28

MAY 2023
S	M	T	W	T	F	S
	1	2	3	4	5	6
7	8	9	10	11	12	13
14	15	16	17	18	19	20
21	22	23	24	25	26	27
28	29	30	31			

JUNE 2023
S	M	T	W	T	F	S
				1	2	3
4	5	6	7	8	9	10
11	12	13	14	15	16	17
18	19	20	21	22	23	24
25	26	27	28	29	30	

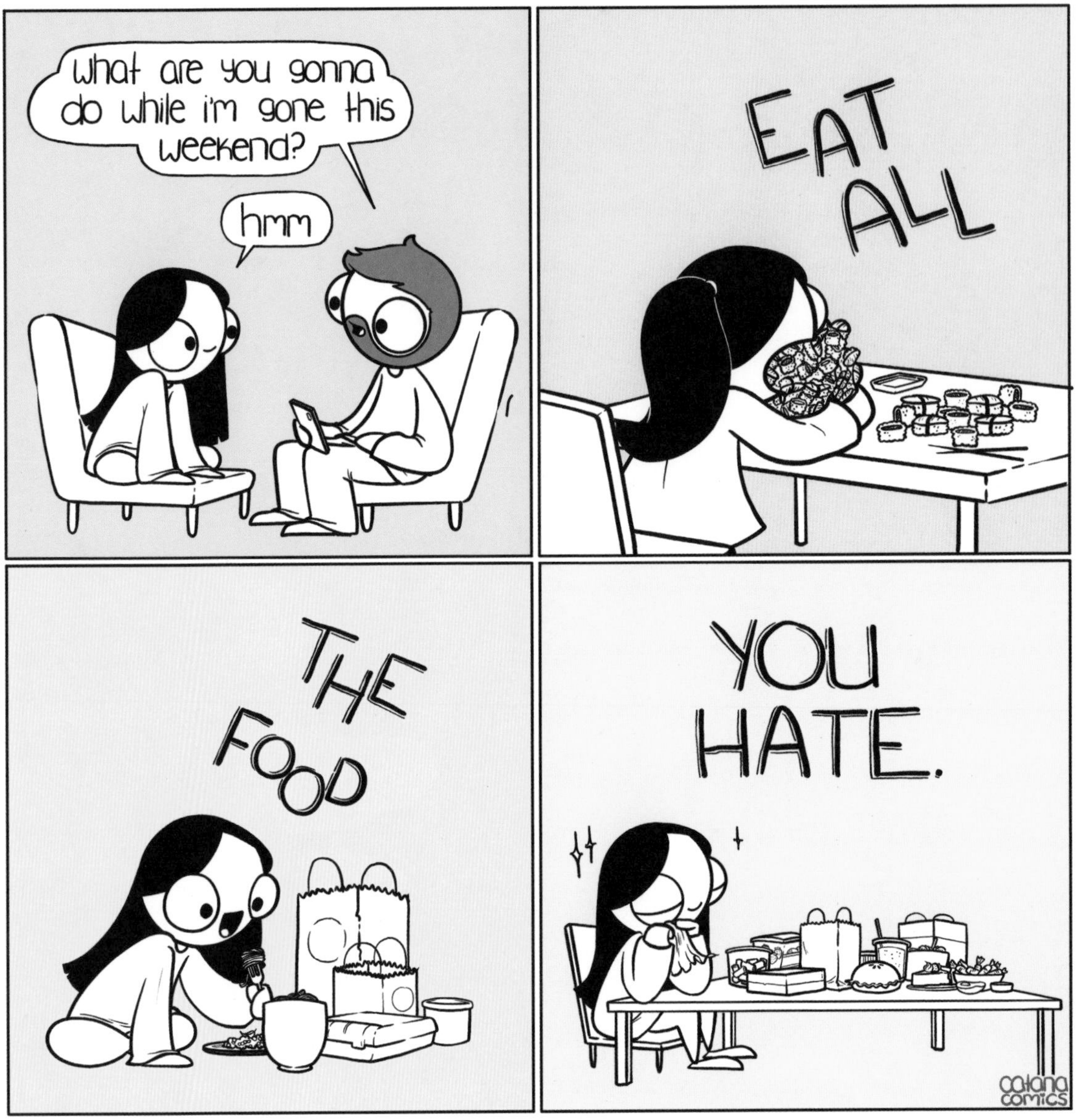
what are you gonna do while i'm gone this weekend?
hmm
EAT ALL
THE FOOD
YOU HATE.
catana comics

TO DO

MONDAY
29

Memorial Day (USA)
Bank Holiday (UK)

TUESDAY
30

WEDNESDAY
31

THURSDAY
1

FRIDAY
2

SATURDAY
3

SUNDAY
4

○ Full Moon

MAY 2023						
S	M	T	W	T	F	S
	1	2	3	4	5	6
7	8	9	10	11	12	13
14	15	16	17	18	19	20
21	22	23	24	25	26	27
28	29	30	31			

JUNE 2023						
S	M	T	W	T	F	S
				1	2	3
4	5	6	7	8	9	10
11	12	13	14	15	16	17
18	19	20	21	22	23	24
25	26	27	28	29	30	

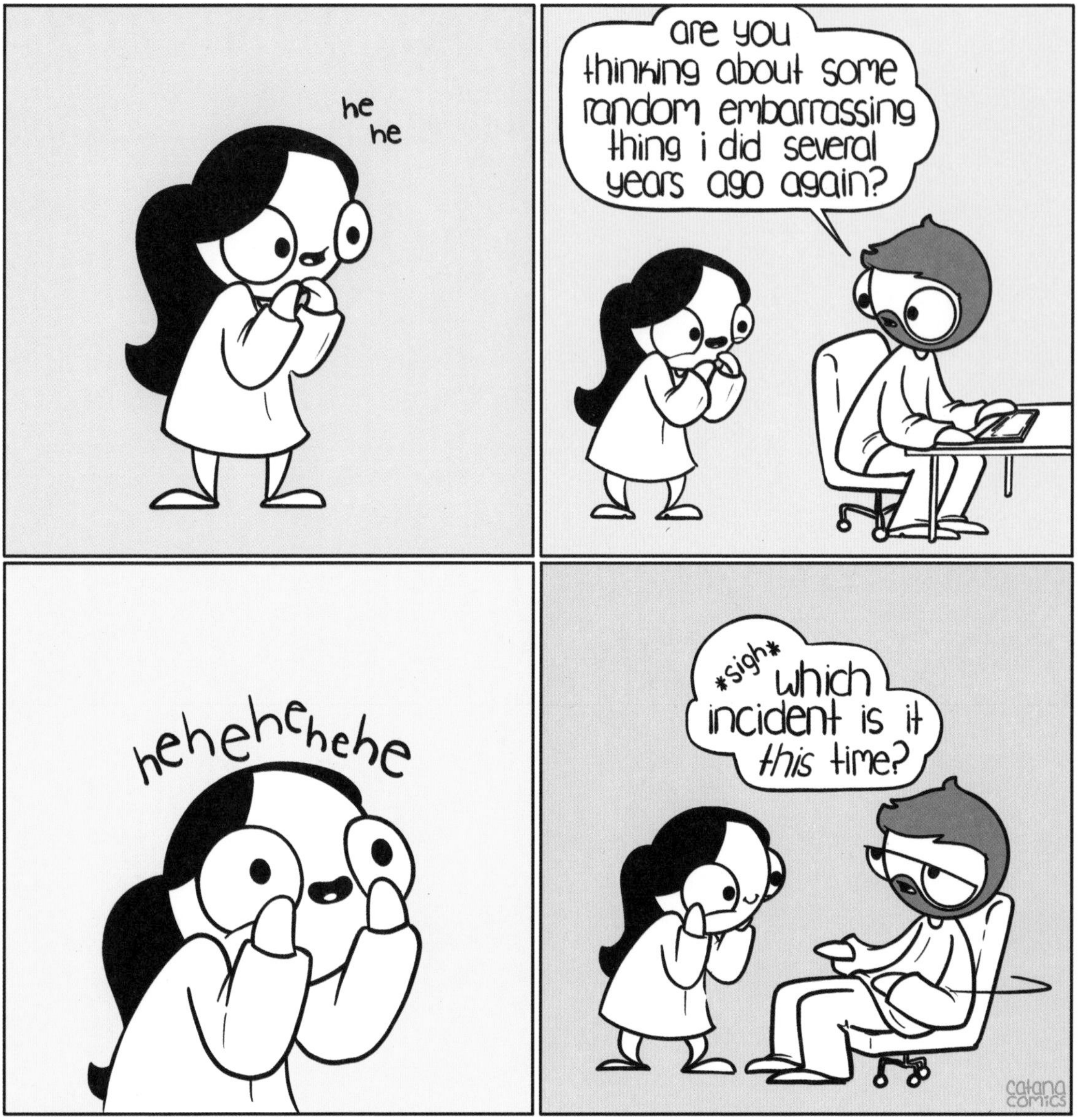
he he
are you thinking about some random embarrassing thing i did several years ago again?
hehehehehehe
sigh which incident is it *this* time?
catana comics

TO DO

JUNE 2023

MONDAY
5

Queen's Birthday (NZ)
Bank Holiday (Ireland)

TUESDAY
6

WEDNESDAY
7

THURSDAY
8

FRIDAY
9

SATURDAY
10 ◑ Last Quarter

SUNDAY
11

JUNE 2023

S	M	T	W	T	F	S
				1	2	3
4	5	6	7	8	9	10
11	12	13	14	15	16	17
18	19	20	21	22	23	24
25	26	27	28	29	30	

JULY 2023

S	M	T	W	T	F	S
						1
2	3	4	5	6	7	8
9	10	11	12	13	14	15
16	17	18	19	20	21	22
23	24	25	26	27	28	29
30	31					

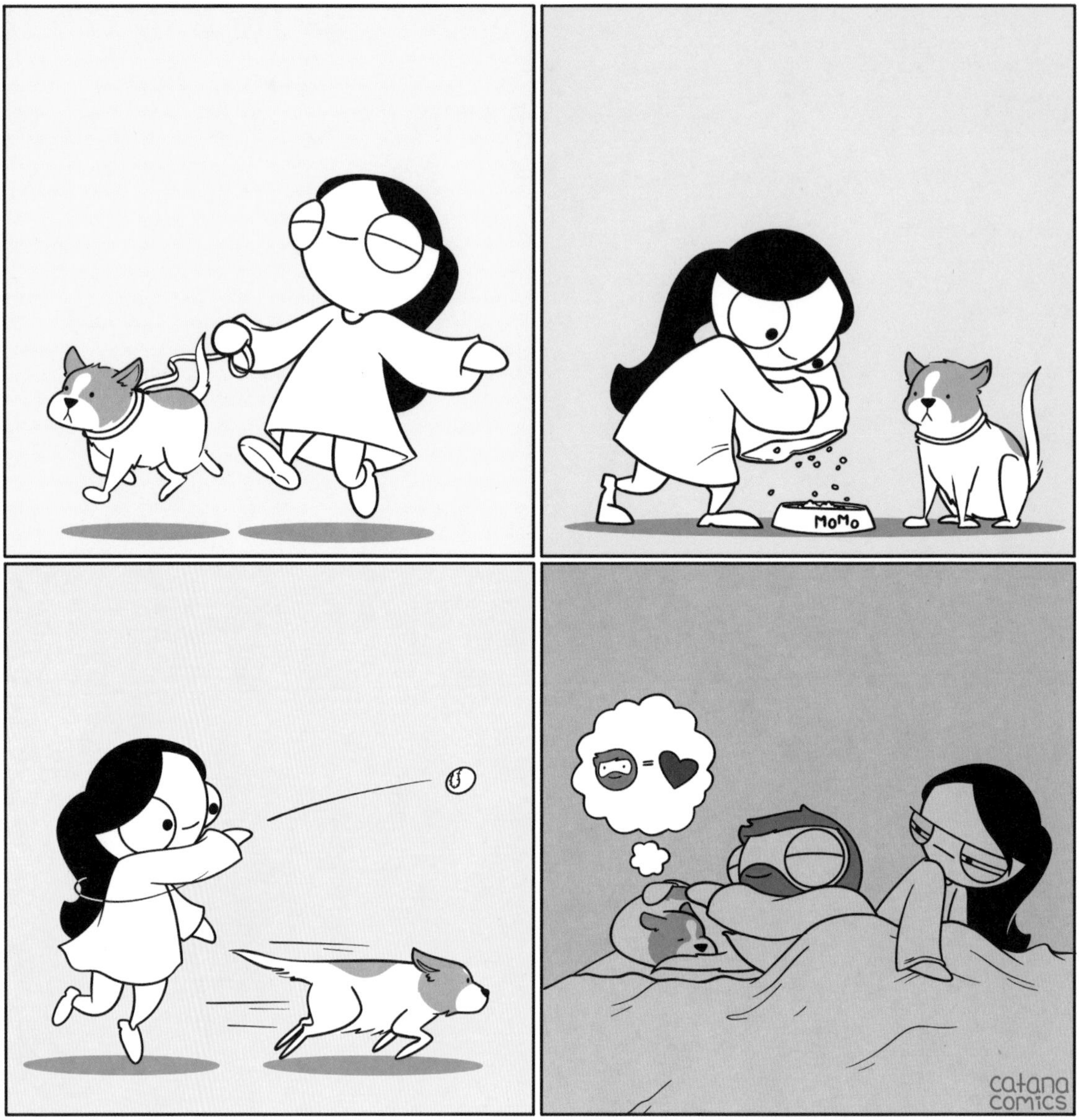
MoMo
catana comics

TO DO

JUNE 2023

MONDAY
12
Queen's Birthday
Australia—except QLD, WA)

TUESDAY
13

WEDNESDAY
14
Flag Day (USA)

THURSDAY
15

FRIDAY
16

SATURDAY
17

SUNDAY
18
● New Moon
Father's Day (USA,
Canada, Ireland, UK)

JUNE 2023						
S	M	T	W	T	F	S
				1	2	3
4	5	6	7	8	9	10
11	12	13	14	15	16	17
18	19	20	21	22	23	24
25	26	27	28	29	30	

JULY 2023						
S	M	T	W	T	F	S
						1
2	3	4	5	6	7	8
9	10	11	12	13	14	15
16	17	18	19	20	21	22
23	24	25	26	27	28	29
30	31					

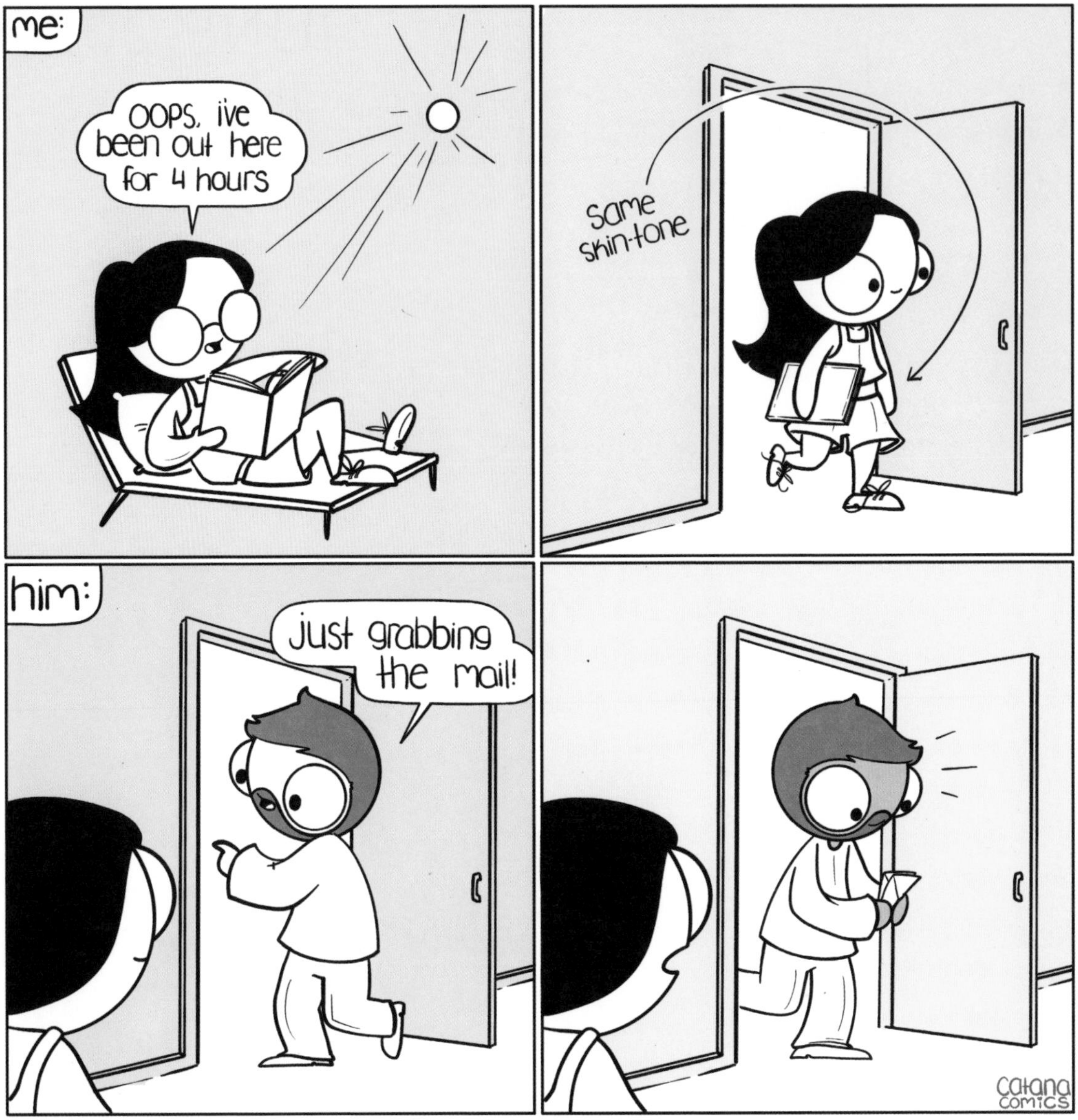
me:
OOPS, ive been out here for 4 hours
same skin-tone
him:
just grabbing the mail!
catana comics

TO DO

JUNE 2023

MONDAY
19
Juneteenth (USA)

TUESDAY
20

WEDNESDAY
21
Summer Solstice
]National Indigenous Peoples Day (Canada)

THURSDAY
22

FRIDAY
23

SATURDAY
24

SUNDAY
25

JUNE 2023
S	M	T	W	T	F	S
				1	2	3
4	5	6	7	8	9	10
11	12	13	14	15	16	17
18	19	20	21	22	23	24
25	26	27	28	29	30	

JULY 2023
S	M	T	W	T	F	S
						1
2	3	4	5	6	7	8
9	10	11	12	13	14	15
16	17	18	19	20	21	22
23	24	25	26	27	28	29
30	31					

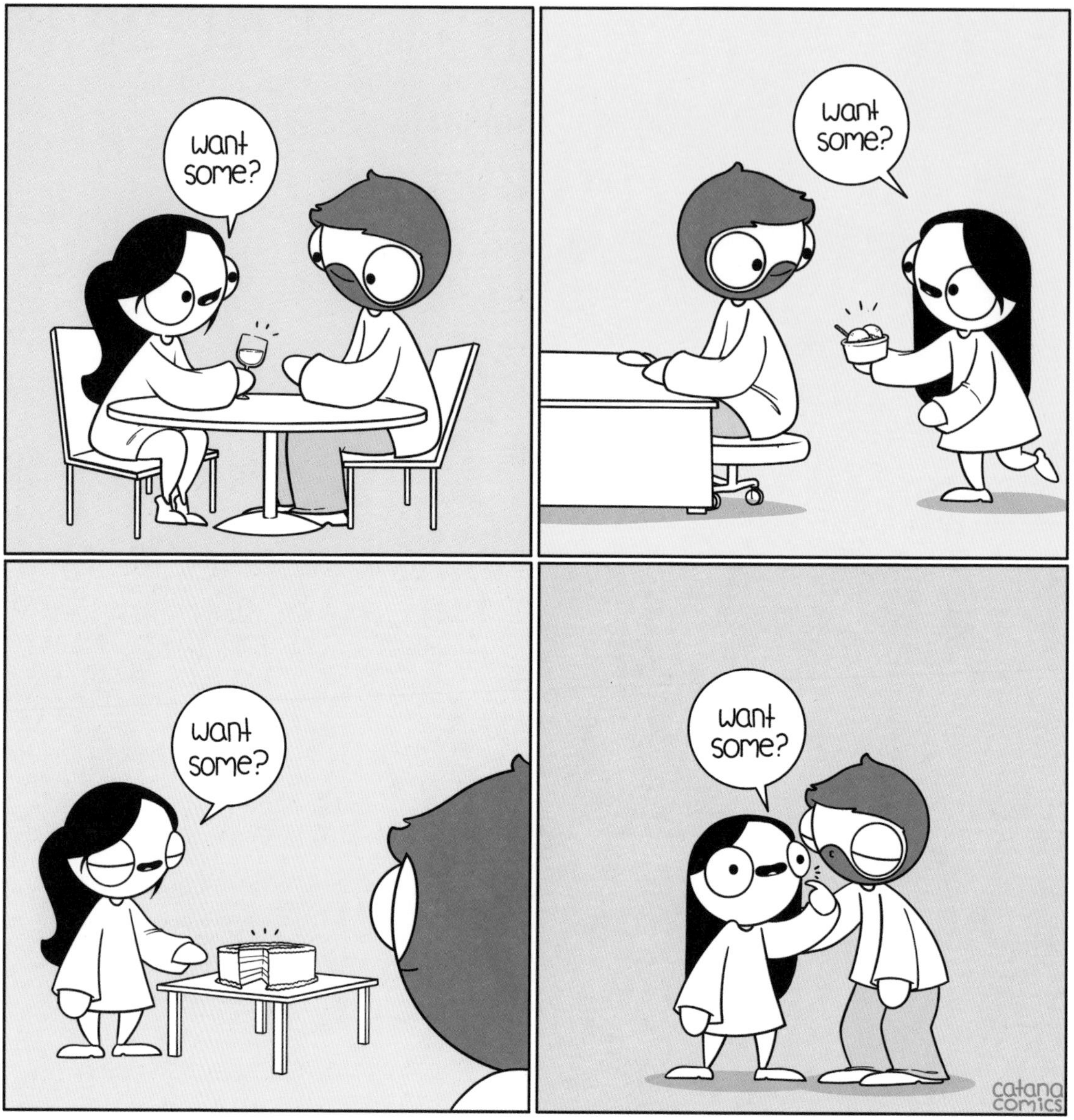
want some?
want some?
want some?
want some?
catana comics

TO DO

MONDAY
26
First Quarter

TUESDAY
27

WEDNESDAY
28
Eid al-Adha

THURSDAY
29

FRIDAY
30

SATURDAY
1
Canada Day

SUNDAY
2

JUNE 2023						
S	M	T	W	T	F	S
				1	2	3
4	5	6	7	8	9	10
11	12	13	14	15	16	17
18	19	20	21	22	23	24
25	26	27	28	29	30	

JULY 2023						
S	M	T	W	T	F	S
						1
2	3	4	5	6	7	8
9	10	11	12	13	14	15
16	17	18	19	20	21	22
23	24	25	26	27	28	29
30	31					

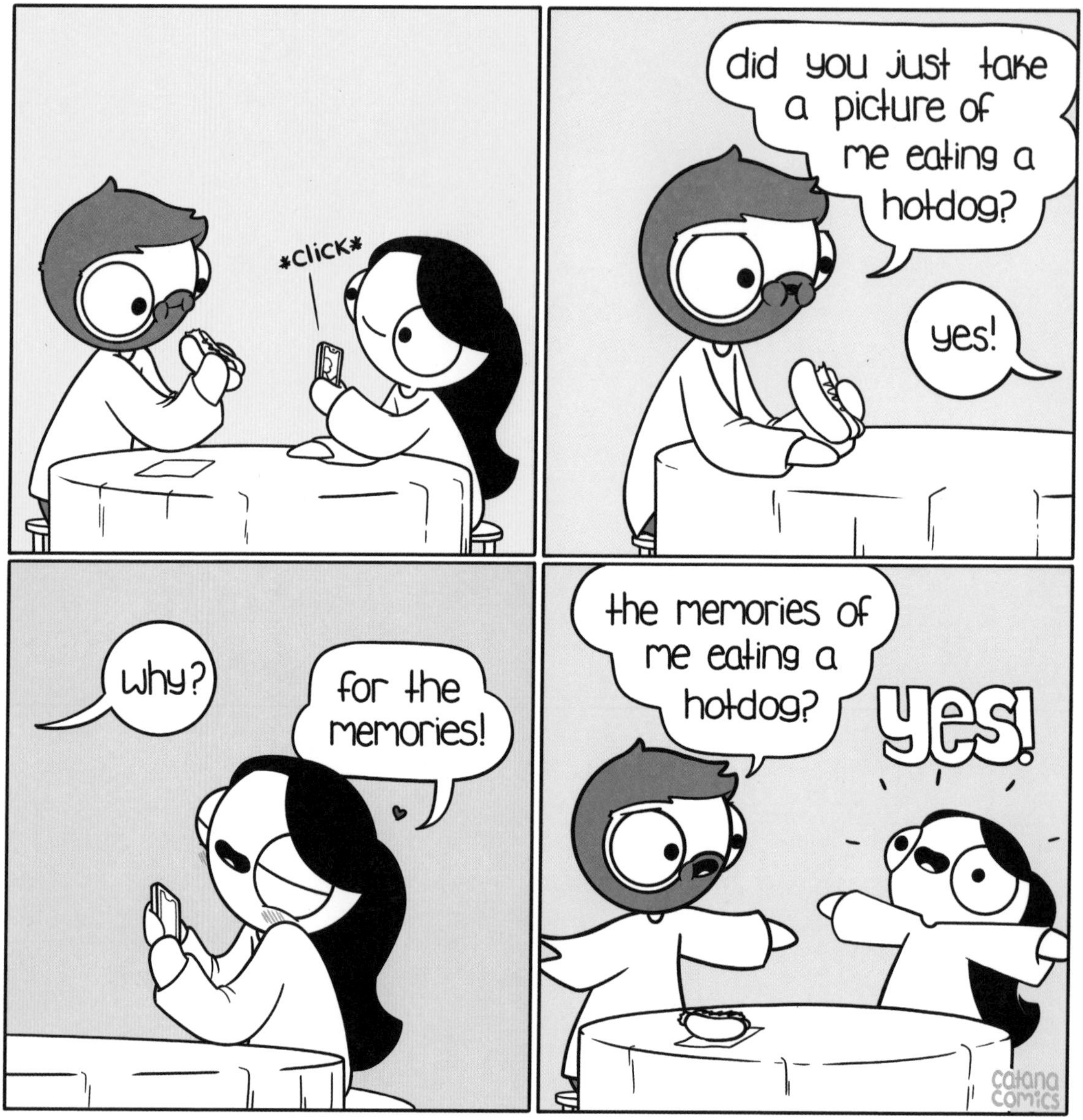
click
did you just take a picture of me eating a hotdog?
yes!
why?
for the memories!
the memories of me eating a hotdog?
yes!
catana comics

TO DO

JULY 2023

MONDAY
3
○ Full Moon

TUESDAY
4
Independence Day (USA)

WEDNESDAY
5

THURSDAY
6

FRIDAY
7

SATURDAY
8

SUNDAY
9

JULY 2023						
S	M	T	W	T	F	S
						1
2	3	4	5	6	7	8
9	10	11	12	13	14	15
16	17	18	19	20	21	22
23	24	25	26	27	28	29
30	31					

AUGUST 2023						
S	M	T	W	T	F	S
		1	2	3	4	5
6	7	8	9	10	11	12
13	14	15	16	17	18	19
20	21	22	23	24	25	26
27	28	29	30	31		

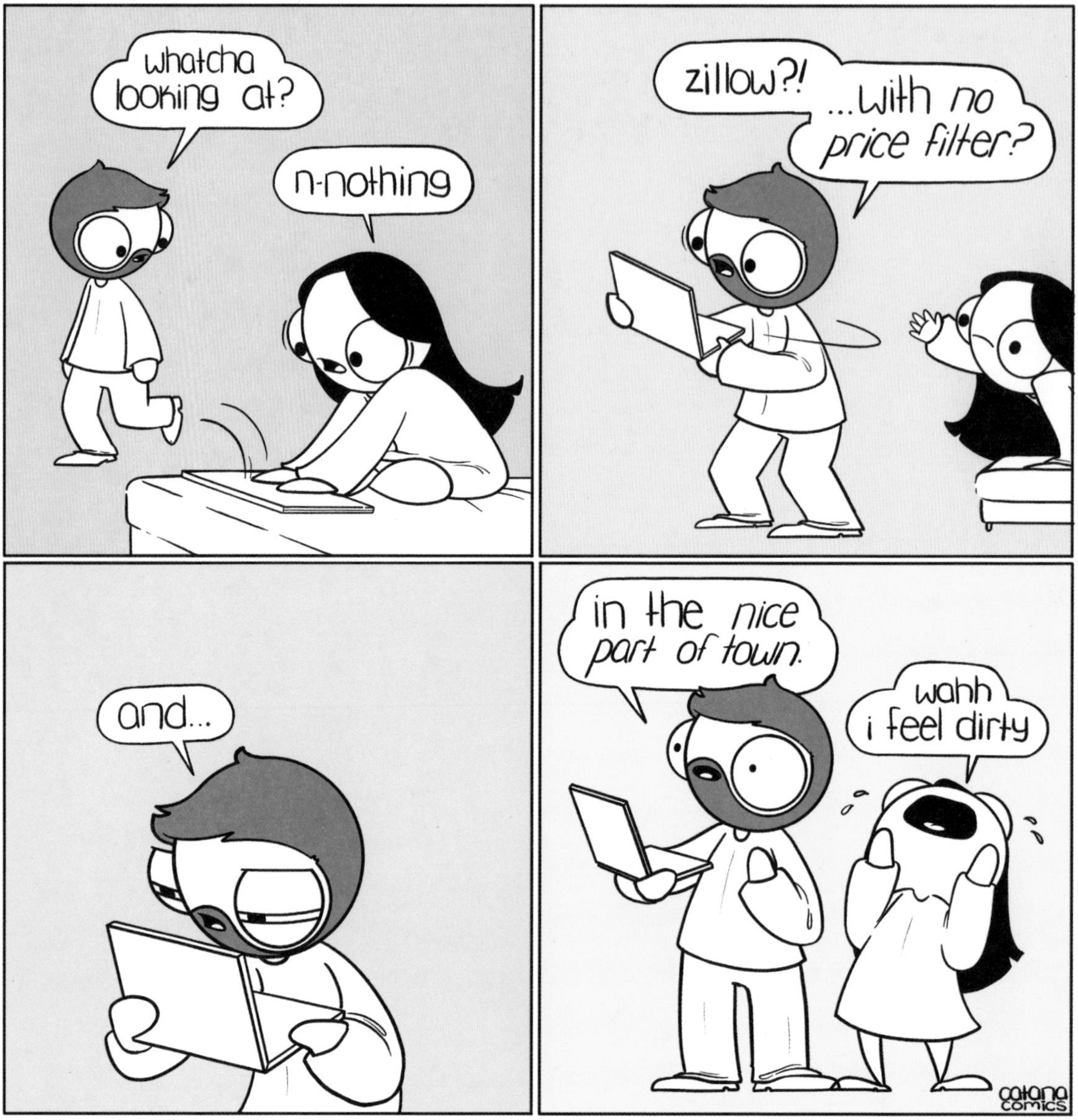
whatcha looking at?
n-nothing
zillow?!
...with *no* price filter?
and...
in the *nice* part of town.
wahh i feel dirty
catana comics

TO DO

JULY 2023

MONDAY
10

Last Quarter

TUESDAY
11

WEDNESDAY
12

THURSDAY
13

FRIDAY
14

SATURDAY
15

SUNDAY
16

JULY 2023						
S	M	T	W	T	F	S
						1
2	3	4	5	6	7	8
9	10	11	12	13	14	15
16	17	18	19	20	21	22
23	24	25	26	27	28	29
30	31					

AUGUST 2023						
S	M	T	W	T	F	S
		1	2	3	4	5
6	7	8	9	10	11	12
13	14	15	16	17	18	19
20	21	22	23	24	25	26
27	28	29	30	31		

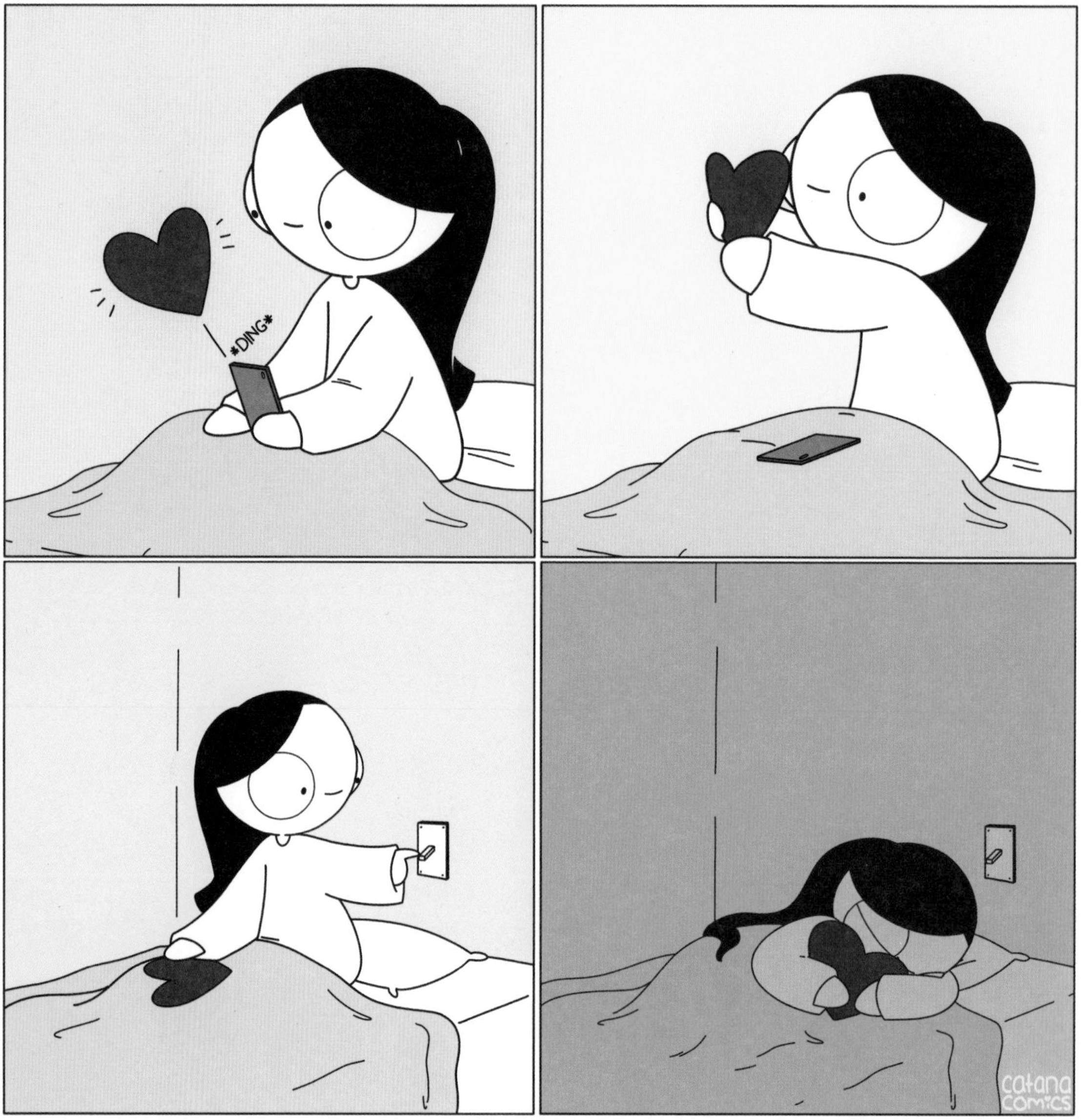
DING
catana comics

TO DO

JULY 2023

MONDAY
17
● New Moon

TUESDAY
18

WEDNESDAY
19

THURSDAY
20

FRIDAY
21

SATURDAY
22

SUNDAY
23

JULY 2023						
S	M	T	W	T	F	S
						1
2	3	4	5	6	7	8
9	10	11	12	13	14	15
16	17	18	19	20	21	22
23	24	25	26	27	28	29
30	31					

AUGUST 2023						
S	M	T	W	T	F	S
		1	2	3	4	5
6	7	8	9	10	11	12
13	14	15	16	17	18	19
20	21	22	23	24	25	26
27	28	29	30	31		

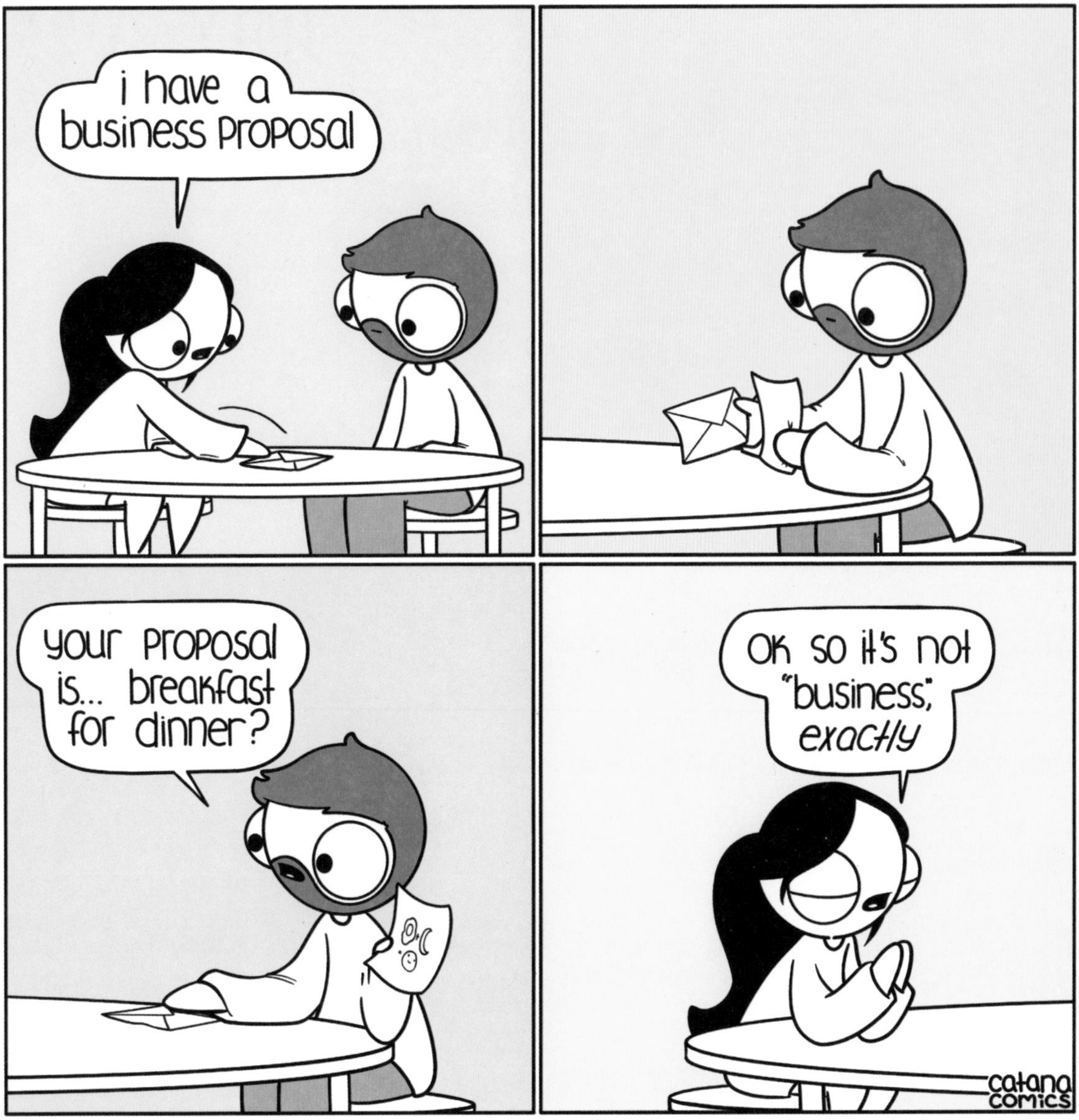
i have a business proposal
your proposal is... breakfast for dinner?
OK so it's not "business," exactly
catana comics

TO DO

JULY 2023

MONDAY
24

TUESDAY
25

◐ First Quarter

WEDNESDAY
26

THURSDAY
27

FRIDAY
28

SATURDAY
29

SUNDAY
30

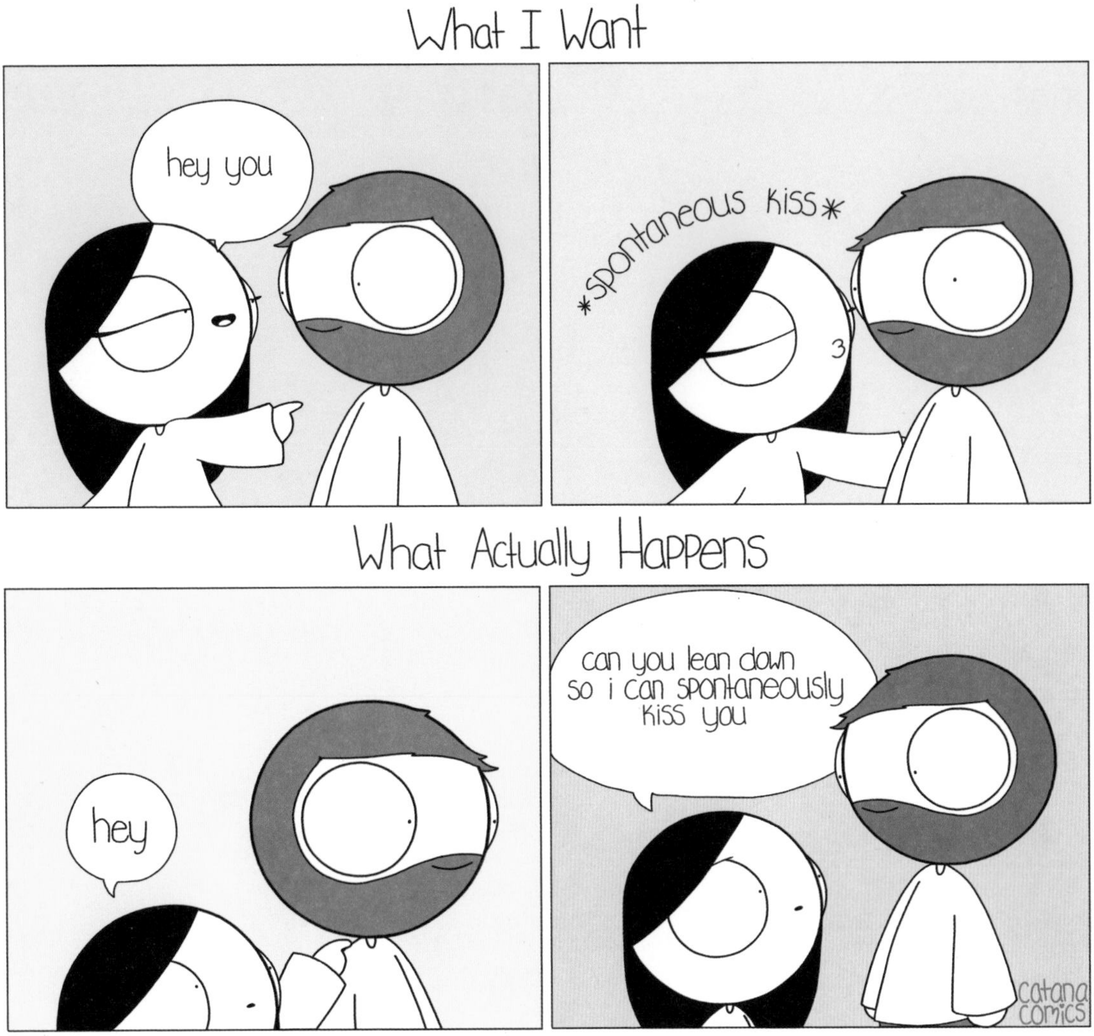
What I Want
hey you
spontaneous kiss
What Actually Happens
hey
can you lean down so i can spontaneously kiss you
catana comics

TO DO

JULY–AUGUST 2023

MONDAY
31

TUESDAY
1

○ Full Moon

WEDNESDAY
2

THURSDAY
3

FRIDAY
4

SATURDAY
5

SUNDAY
6

JULY 2023						
S	M	T	W	T	F	S
						1
2	3	4	5	6	7	8
9	10	11	12	13	14	15
16	17	18	19	20	21	22
23	24	25	26	27	28	29
30	31					

AUGUST 2023						
S	M	T	W	T	F	S
		1	2	3	4	5
6	7	8	9	10	11	12
13	14	15	16	17	18	19
20	21	22	23	24	25	26
27	28	29	30	31		

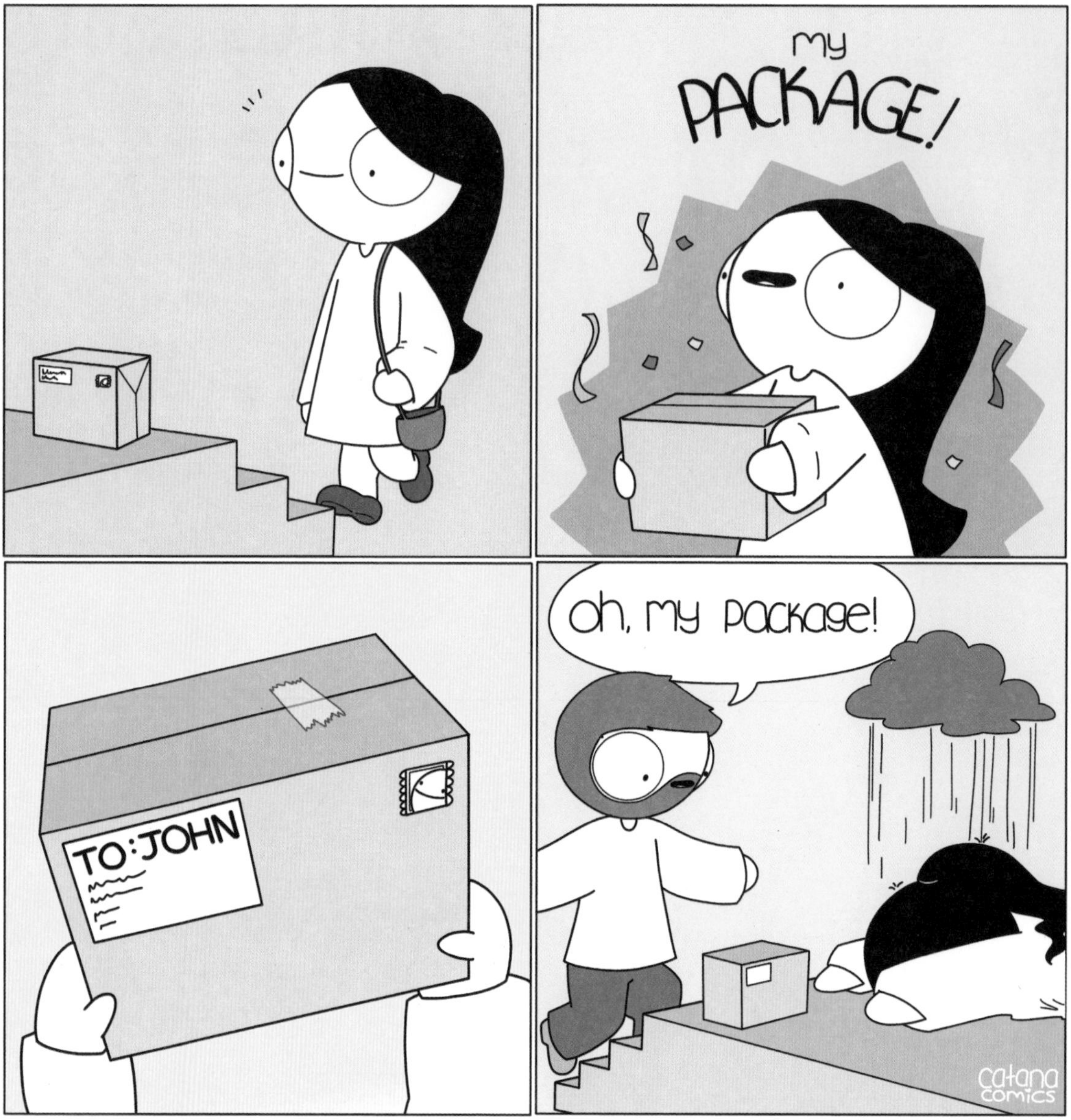
my
PACKAGE!
TO: JOHN
Oh, my package!
catana comics

TO DO

AUGUST 2023

MONDAY
7
Bank Holiday
(Ireland, UK—Scotland,
Australia—NSW)
Picnic Day (Australia—NT)

TUESDAY
8
◑ Last Quarter

WEDNESDAY
9

THURSDAY
10

FRIDAY
11

SATURDAY
12

SUNDAY
13

AUGUST 2023
S	M	T	W	T	F	S
		1	2	3	4	5
6	7	8	9	10	11	12
13	14	15	16	17	18	19
20	21	22	23	24	25	26
27	28	29	30	31		

SEPTEMBER 2023
S	M	T	W	T	F	S
					1	2
3	4	5	6	7	8	9
10	11	12	13	14	15	16
17	18	19	20	21	22	23
24	25	26	27	28	29	30

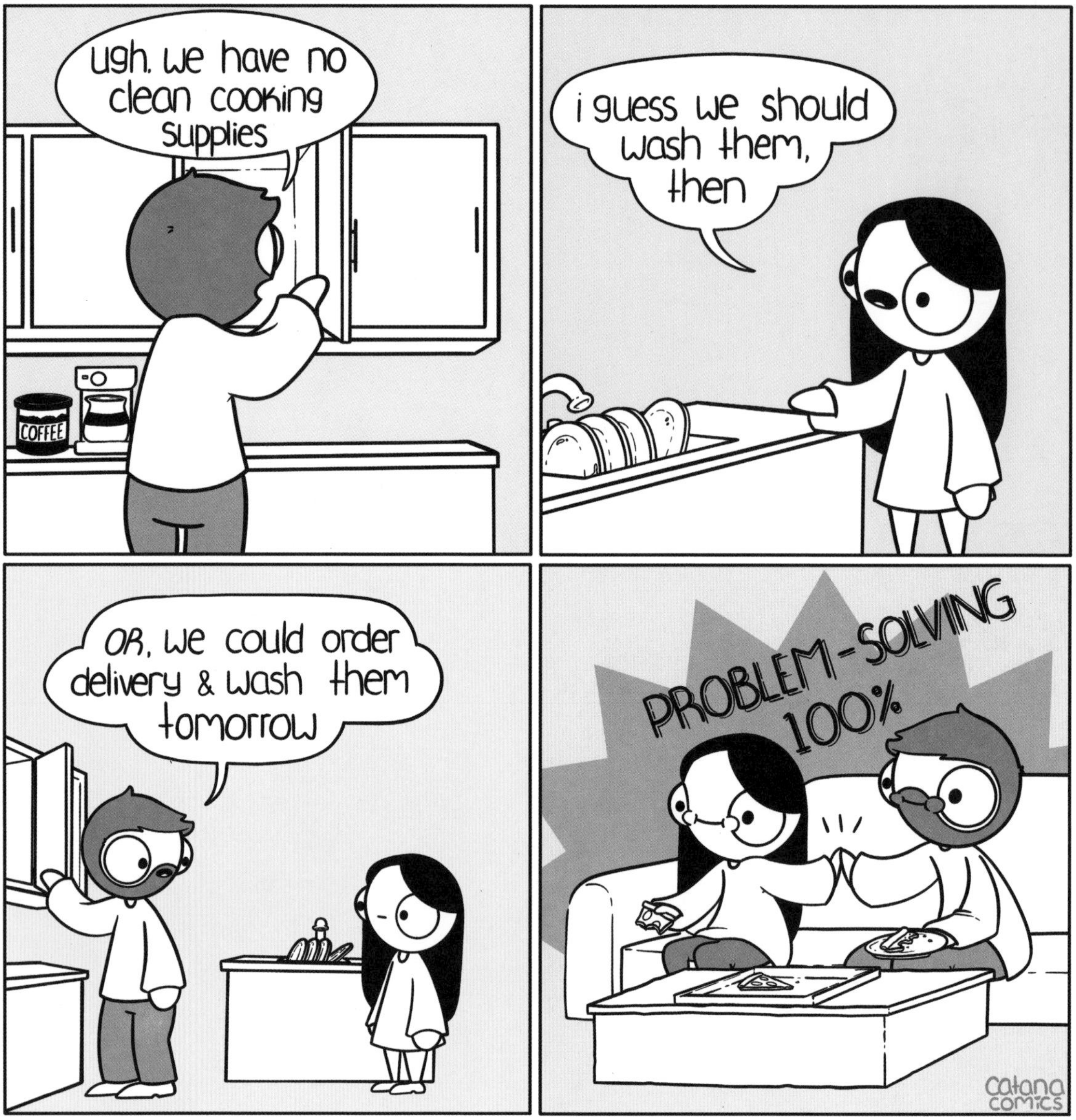
ugh. we have no clean cooking supplies
i guess we should wash them, then
OR, we could order delivery & wash them tomorrow
PROBLEM-SOLVING 100%
catana comics

TO DO

MONDAY
14

TUESDAY
15

WEDNESDAY
16

● New Moon

THURSDAY
17

FRIDAY
18

SATURDAY
19

SUNDAY
20

AUGUST 2023						
S	M	T	W	T	F	S
		1	2	3	4	5
6	7	8	9	10	11	12
13	14	15	16	17	18	19
20	21	22	23	24	25	26
27	28	29	30	31		

SEPTEMBER 2023						
S	M	T	W	T	F	S
					1	2
3	4	5	6	7	8	9
10	11	12	13	14	15	16
17	18	19	20	21	22	23
24	25	26	27	28	29	30

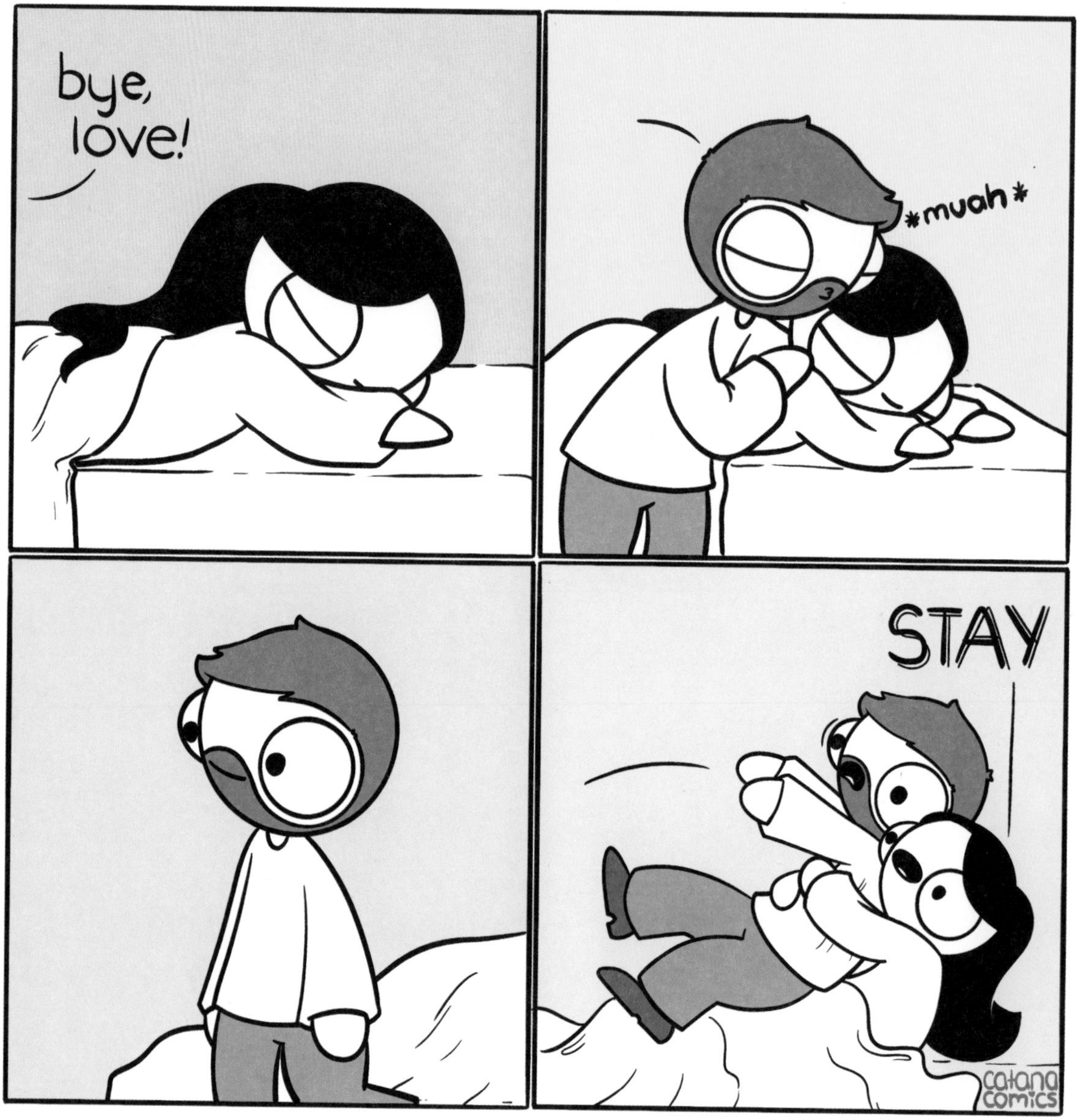
bye, love!
muah
STAY
catana comics

TO DO

AUGUST 2023

MONDAY
21

TUESDAY
22

WEDNESDAY
23

THURSDAY
24

◑ First Quarter

FRIDAY
25

SATURDAY
26

SUNDAY
27

AUGUST 2023
S	M	T	W	T	F	S
		1	2	3	4	5
6	7	8	9	10	11	12
13	14	15	16	17	18	19
20	21	22	23	24	25	26
27	28	29	30	31		

SEPTEMBER 2023
S	M	T	W	T	F	S
					1	2
3	4	5	6	7	8	9
10	11	12	13	14	15	16
17	18	19	20	21	22	23
24	25	26	27	28	29	30

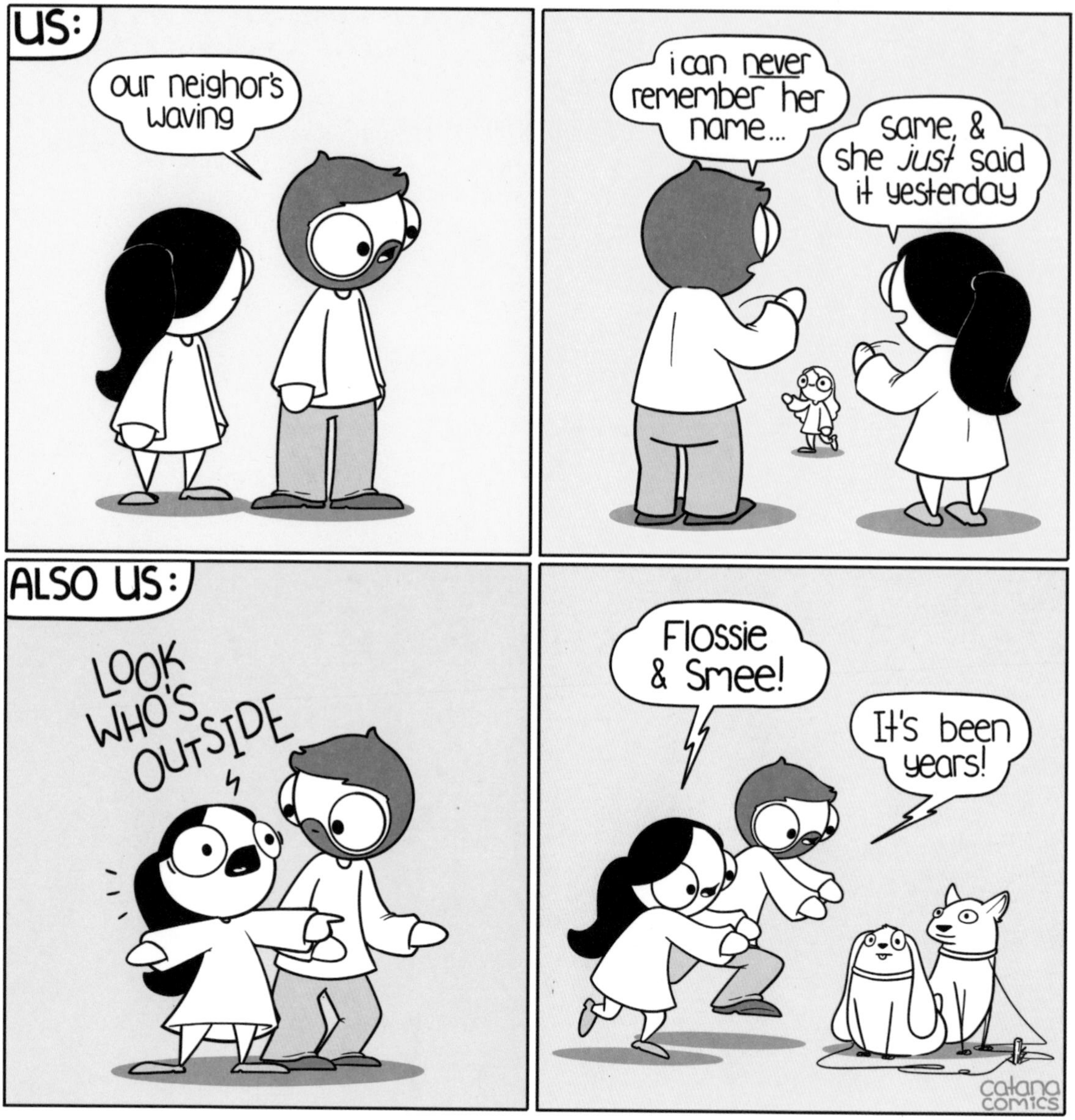
US:
our neighor's waving
i can never remember her name...
same, & she just said it yesterday
ALSO US:
LOOK WHO'S OUTSIDE
Flossie & Smee!
It's been years!
catana comics

TO DO

AUGUST–SEPTEMBER 2023

MONDAY
28
Bank Holiday
(UK—except Scotland)

TUESDAY
29

WEDNESDAY
30

THURSDAY
31
○ Full Moon

FRIDAY
1

SATURDAY
2

SUNDAY
3
Father's Day
(Australia, NZ)

AUGUST 2023
S	M	T	W	T	F	S
		1	2	3	4	5
6	7	8	9	10	11	12
13	14	15	16	17	18	19
20	21	22	23	24	25	26
27	28	29	30	31		

SEPTEMBER 2023
S	M	T	W	T	F	S
					1	2
3	4	5	6	7	8	9
10	11	12	13	14	15	16
17	18	19	20	21	22	23
24	25	26	27	28	29	30

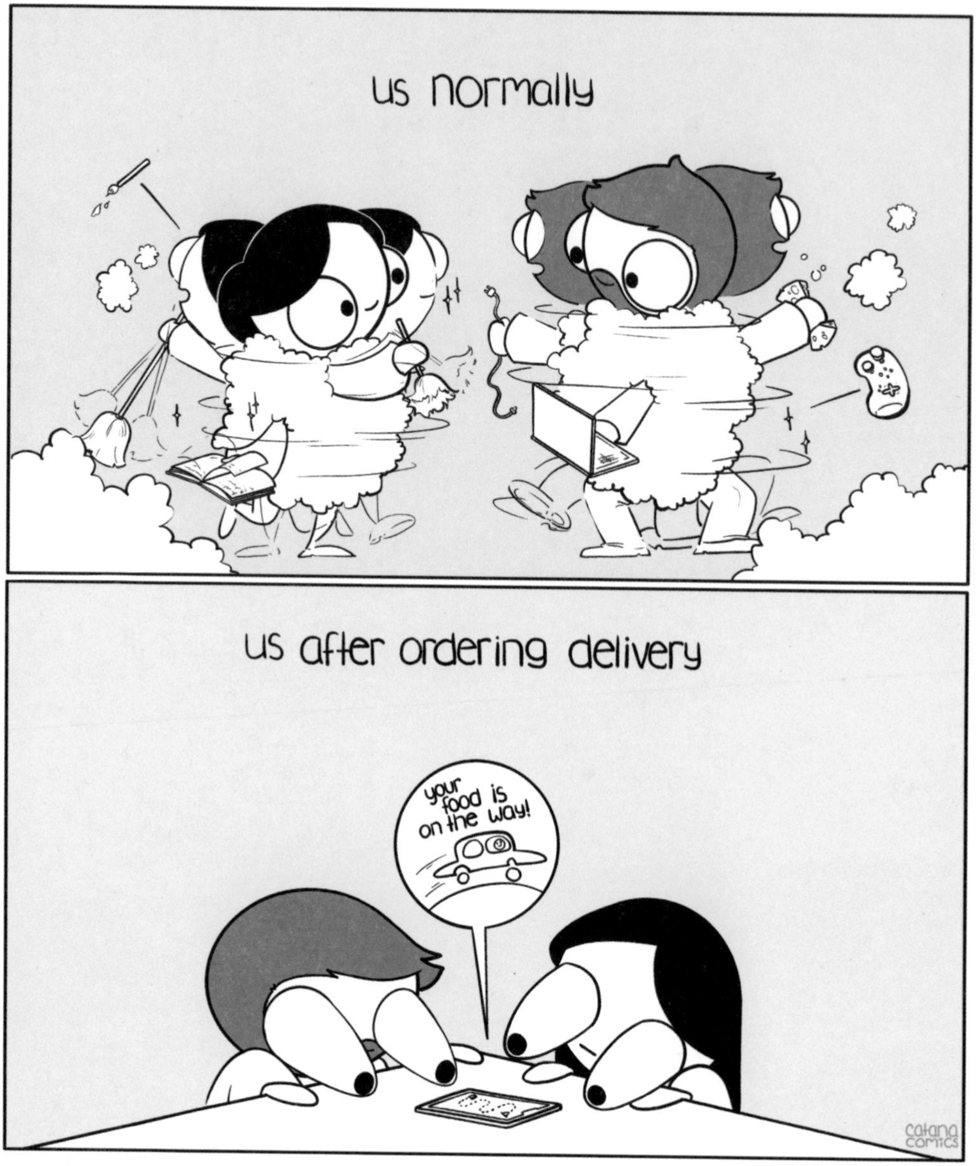
us normally
us after ordering delivery
your food is on the way!
catana comics

TO DO

SEPTEMBER 2023

MONDAY
4
Labor Day (USA, Canada)

TUESDAY
5

WEDNESDAY
6
◑ Last Quarter

THURSDAY
7

FRIDAY
8

SATURDAY
9

SUNDAY
10

SEPTEMBER 2023						
S	M	T	W	T	F	S
					1	2
3	4	5	6	7	8	9
10	11	12	13	14	15	16
17	18	19	20	21	22	23
24	25	26	27	28	29	30

OCTOBER 2023						
S	M	T	W	T	F	S
1	2	3	4	5	6	7
8	9	10	11	12	13	14
15	16	17	18	19	20	21
22	23	24	25	26	27	28
29	30	31				

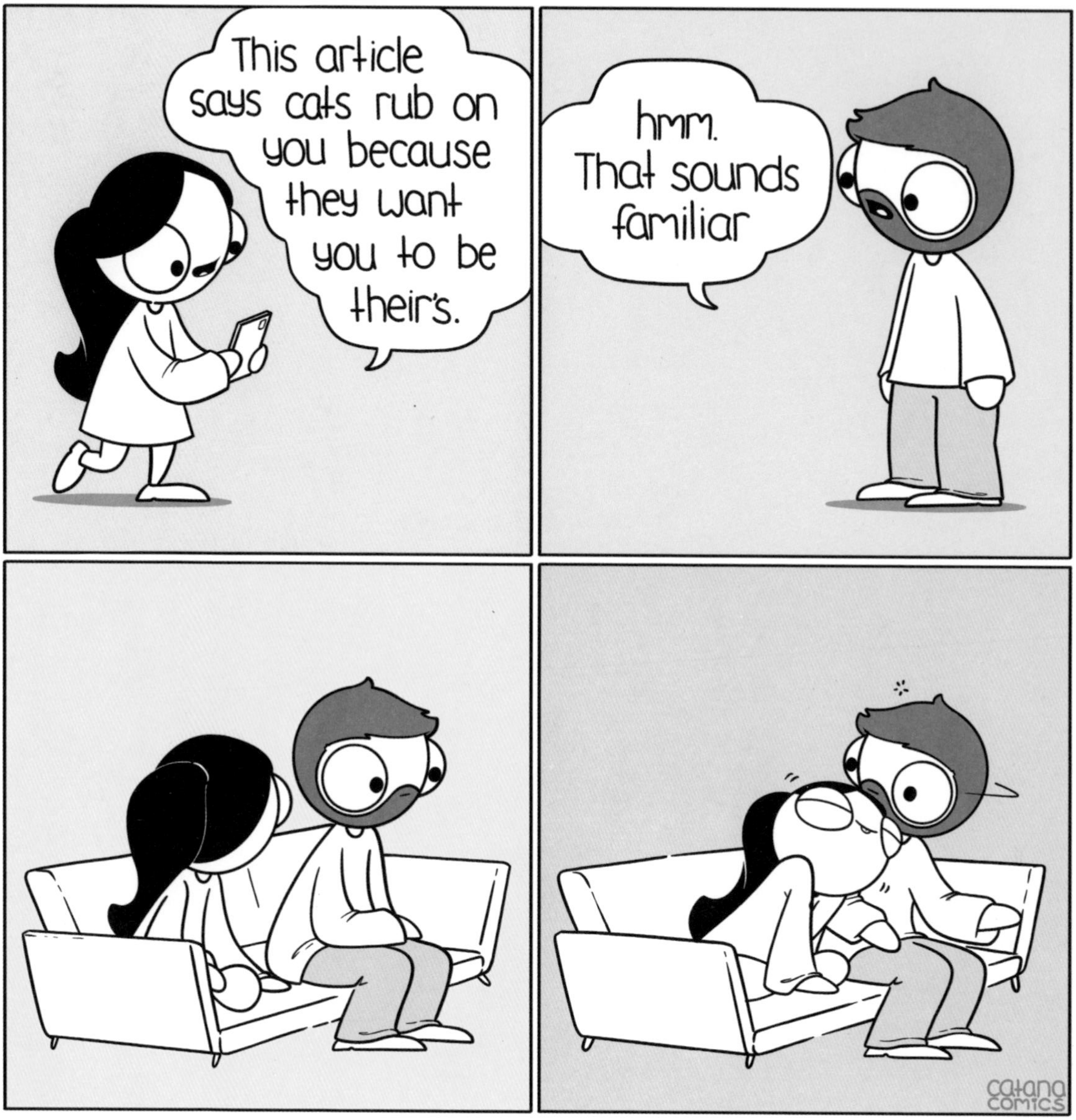
This article says cats rub on you because they want you to be their's.
hmm. That sounds familiar
catana comics

TO DO

SEPTEMBER 2023

MONDAY
11

TUESDAY
12

WEDNESDAY
13

THURSDAY
14

FRIDAY
15

● New Moon
Rosh Hashanah
(begins at sundown)

SATURDAY
16

SUNDAY
17

Rosh Hashanah ends

SEPTEMBER 2023
S	M	T	W	T	F	S
					1	2
3	4	5	6	7	8	9
10	11	12	13	14	15	16
17	18	19	20	21	22	23
24	25	26	27	28	29	30

OCTOBER 2023
S	M	T	W	T	F	S
1	2	3	4	5	6	7
8	9	10	11	12	13	14
15	16	17	18	19	20	21
22	23	24	25	26	27	28
29	30	31				

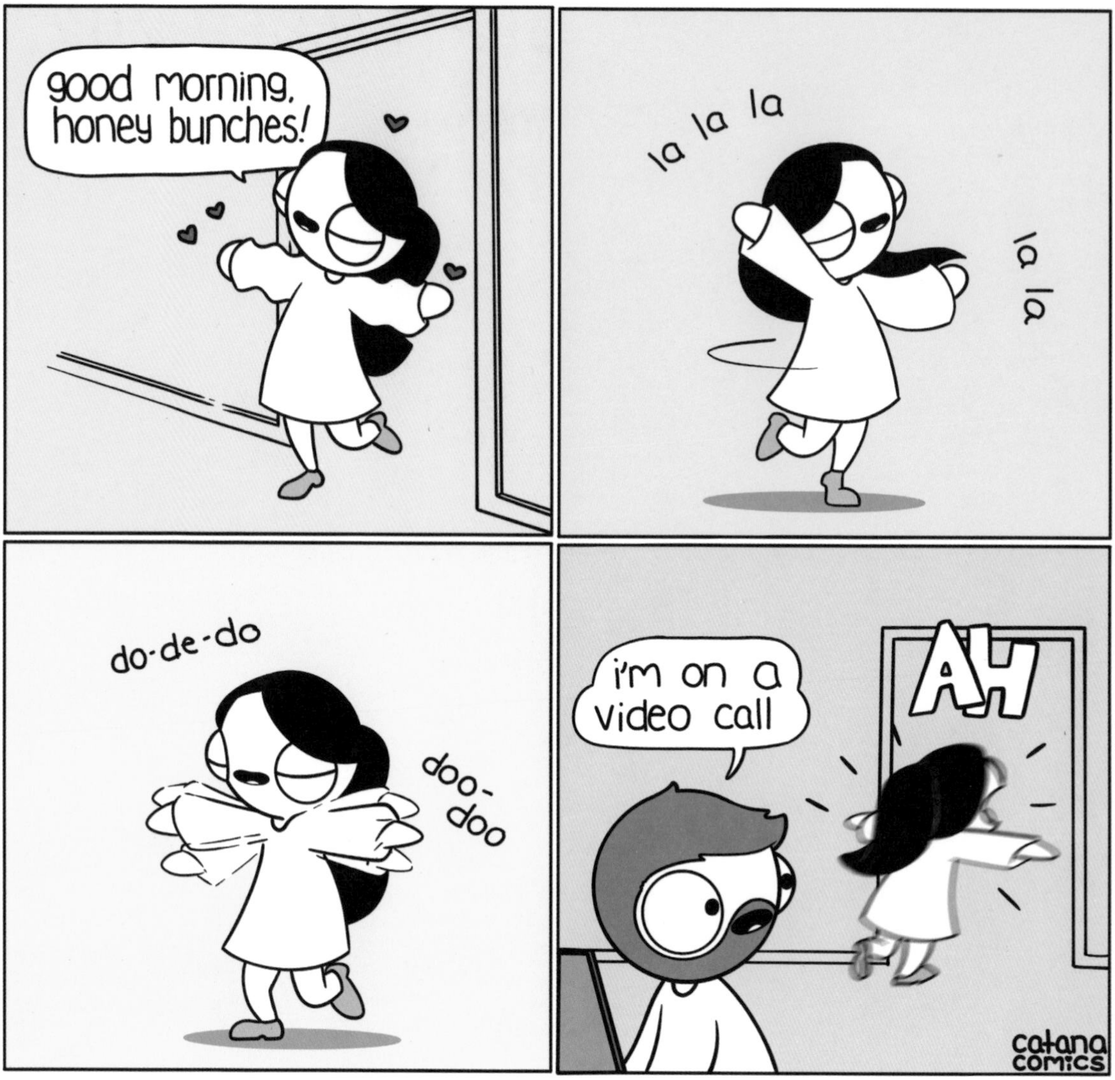
good morning, honey bunches!
la la la
la la
do-de-do
doo-doo
i'm on a video call
AH
catana comics

TO DO

SEPTEMBER 2023

MONDAY
18

TUESDAY
19

WEDNESDAY
20

THURSDAY
21
U.N. International Day of Peace

FRIDAY
22
☽ First Quarter

SATURDAY
23
Autumnal Equinox

SUNDAY
24
Yom Kippur
(begins at sundown)

SEPTEMBER 2023

S	M	T	W	T	F	S
					1	2
3	4	5	6	7	8	9
10	11	12	13	14	15	16
17	18	19	20	21	22	23
24	25	26	27	28	29	30

OCTOBER 2023

S	M	T	W	T	F	S
1	2	3	4	5	6	7
8	9	10	11	12	13	14
15	16	17	18	19	20	21
22	23	24	25	26	27	28
29	30	31				

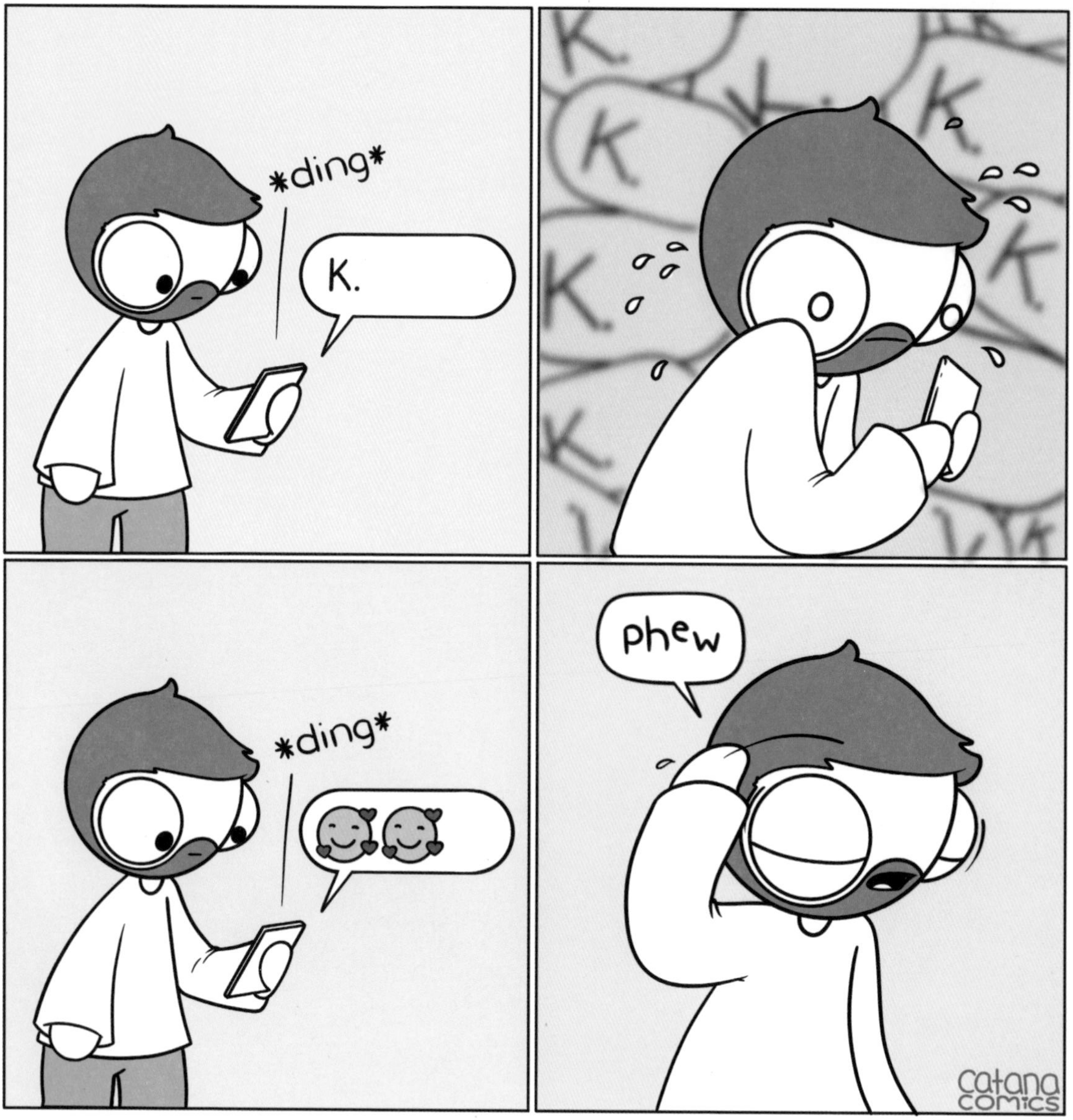
ding
K.
ding
phew
catana comics

TO DO

SEPTEMBER–OCTOBER 2023

MONDAY
Queen's Birthday (Australia—WA)
25

TUESDAY
26

WEDNESDAY
27

THURSDAY
28

FRIDAY
○ Full Moon
29

SATURDAY
30

SUNDAY
1

SEPTEMBER 2023

S	M	T	W	T	F	S
					1	2
3	4	5	6	7	8	9
10	11	12	13	14	15	16
17	18	19	20	21	22	23
24	25	26	27	28	29	30

OCTOBER 2023

S	M	T	W	T	F	S
1	2	3	4	5	6	7
8	9	10	11	12	13	14
15	16	17	18	19	20	21
22	23	24	25	26	27	28
29	30	31				

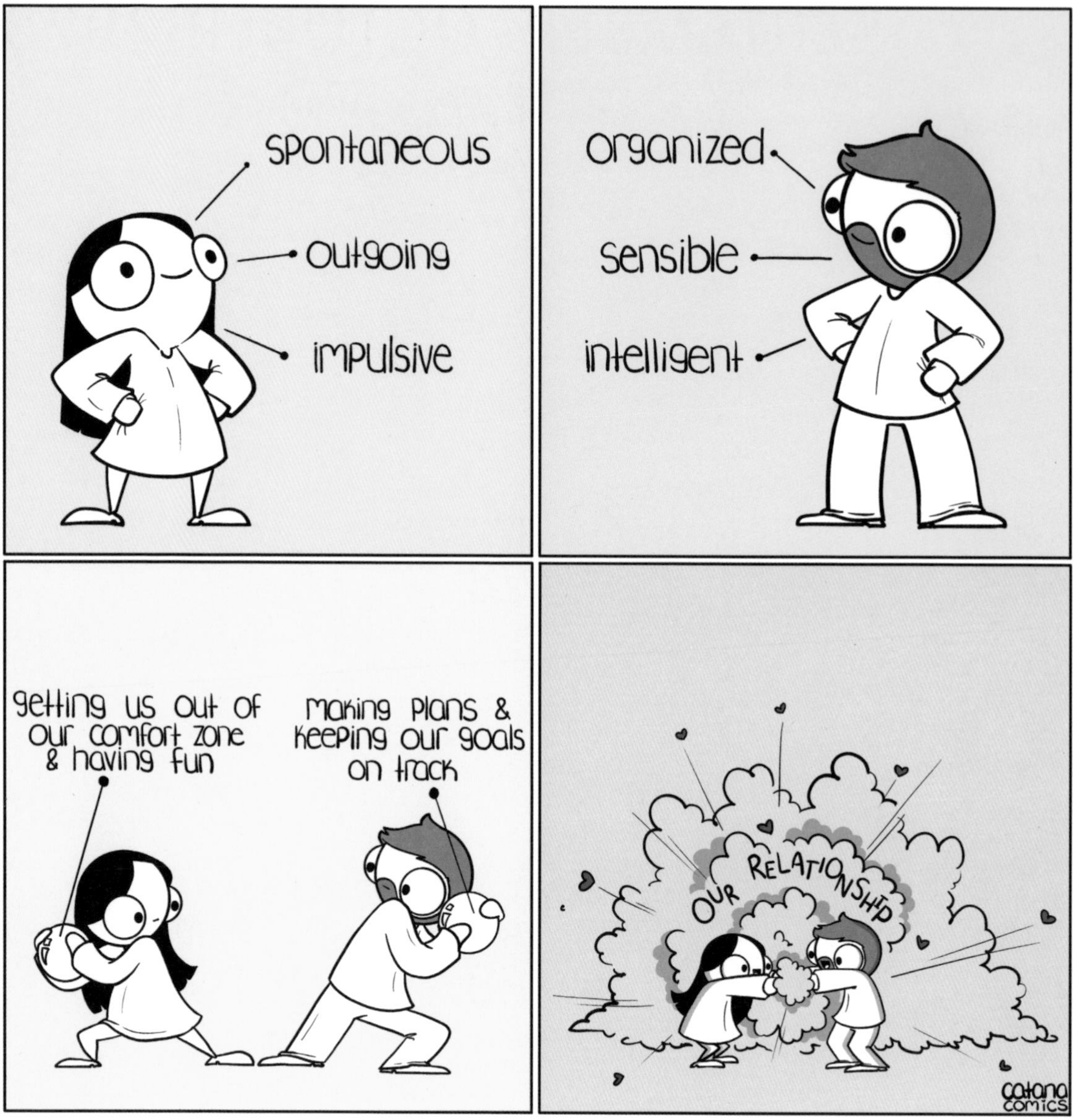
spontaneous
outgoing
impulsive
organized
sensible
intelligent
getting us out of our comfort zone & having fun
making plans & keeping our goals on track
OUR RELATIONSHIP
catana comics

TO DO

OCTOBER 2023

MONDAY
2

Labour Day
(Australia—ACT, SA, NSW)
Queen's Birthday (Australia—QLD)

TUESDAY
3

WEDNESDAY
4

THURSDAY
5

FRIDAY
6

◗ Last Quarter

SATURDAY
7

SUNDAY
8

OCTOBER 2023						
S	M	T	W	T	F	S
1	2	3	4	5	6	7
8	9	10	11	12	13	14
15	16	17	18	19	20	21
22	23	24	25	26	27	28
29	30	31				

NOVEMBER 2023						
S	M	T	W	T	F	S
			1	2	3	4
5	6	7	8	9	10	11
12	13	14	15	16	17	18
19	20	21	22	23	24	25
26	27	28	29	30		

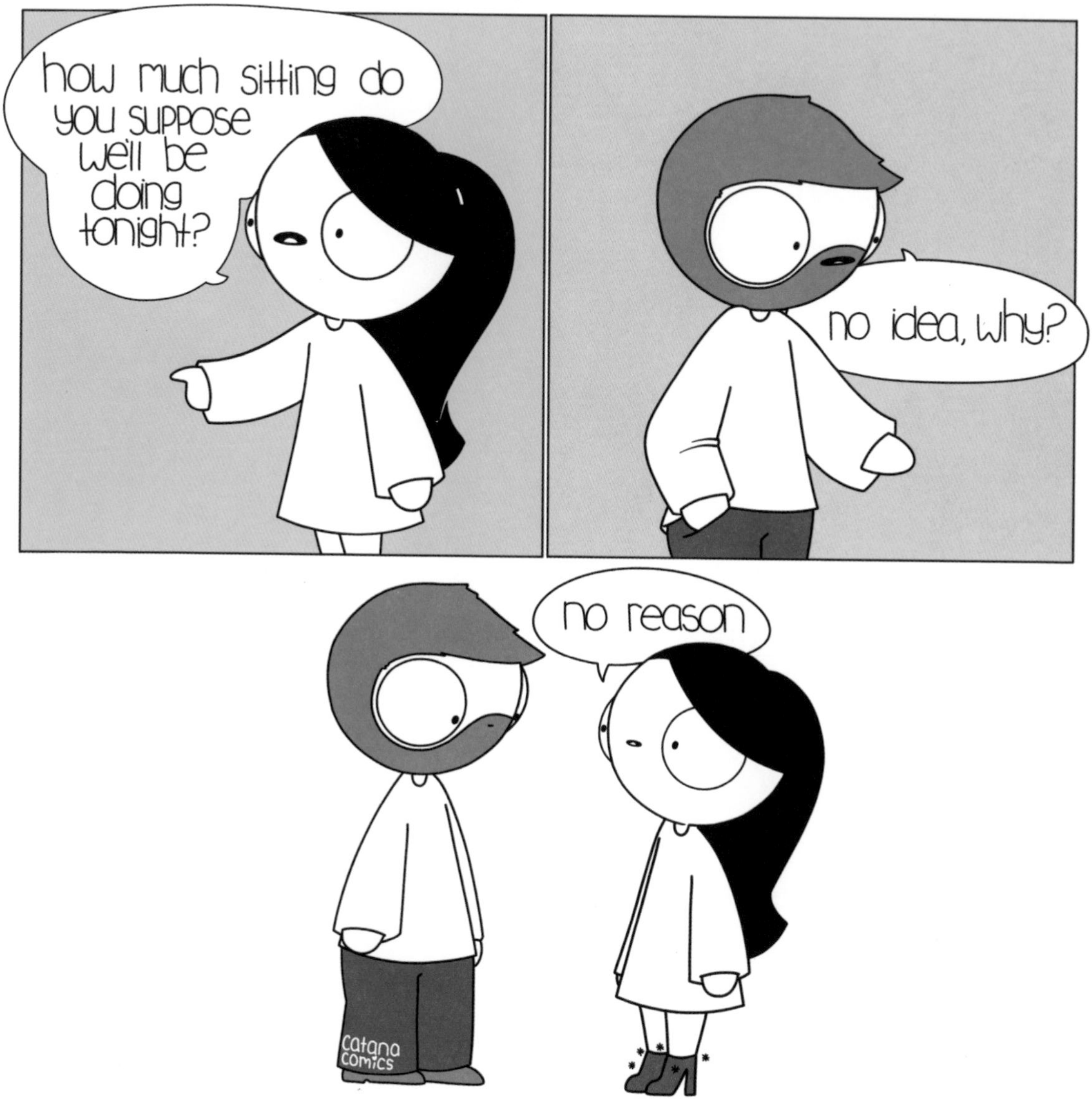
how much sitting do you suppose we'll be doing tonight?
no idea, why?
no reason
catana comics

TO DO

OCTOBER 2023

MONDAY
9

Columbus Day (USA)
Indigenous Peoples' Day (USA)
Thanksgiving (Canada)

TUESDAY
10

WEDNESDAY
11

THURSDAY
12

FRIDAY
13

SATURDAY
14

● New Moon

SUNDAY
15

OCTOBER 2023

S	M	T	W	T	F	S
1	2	3	4	5	6	7
8	9	10	11	12	13	14
15	16	17	18	19	20	21
22	23	24	25	26	27	28
29	30	31				

NOVEMBER 2023

S	M	T	W	T	F	S
			1	2	3	4
5	6	7	8	9	10	11
12	13	14	15	16	17	18
19	20	21	22	23	24	25
26	27	28	29	30		

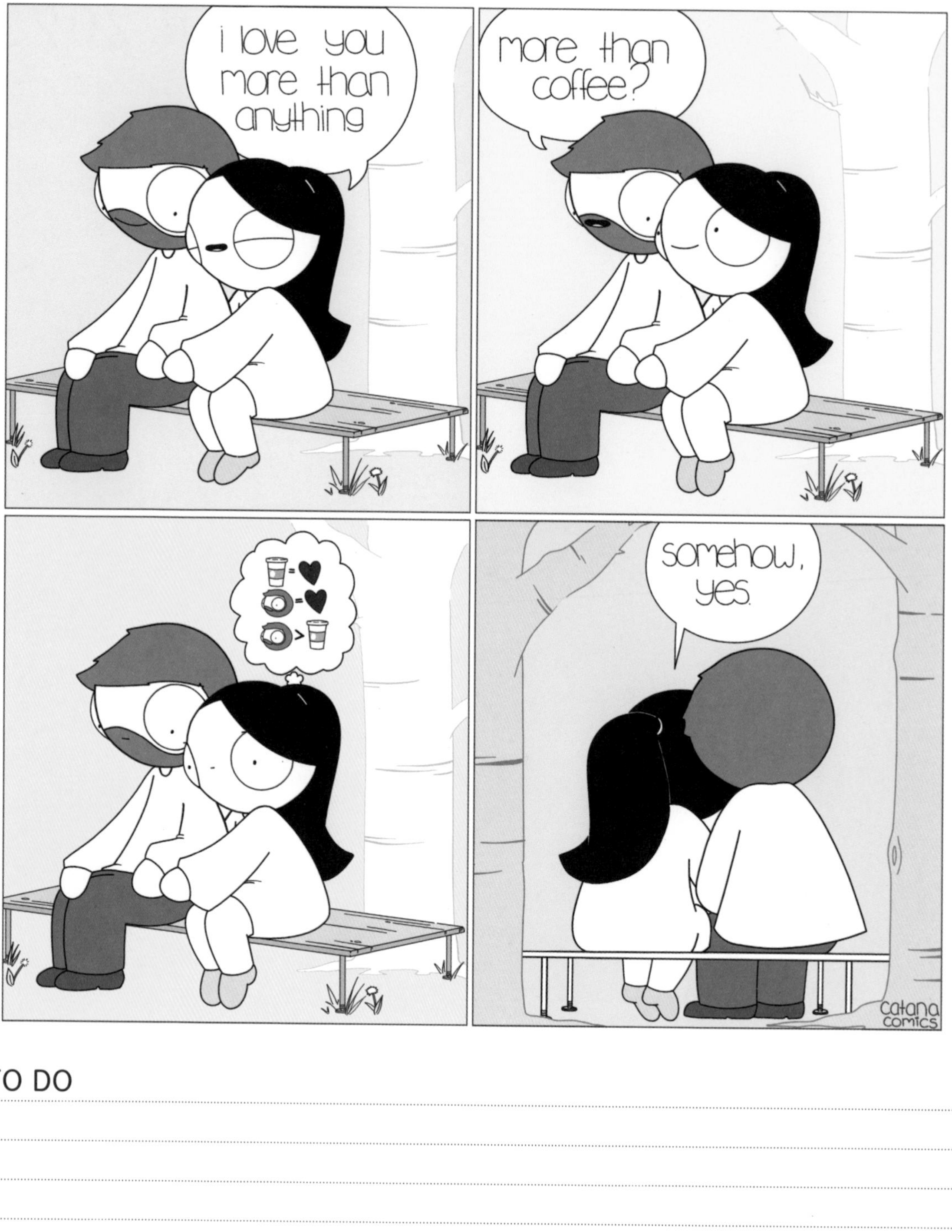
i love you more than anything
more than coffee?
somehow, yes.
catana comics

TO DO

MONDAY
16

TUESDAY
17

WEDNESDAY
18

THURSDAY
19

FRIDAY
20

SATURDAY
21

SUNDAY
22
◐ First Quarter

OCTOBER 2023

S	M	T	W	T	F	S
1	2	3	4	5	6	7
8	9	10	11	12	13	14
15	16	17	18	19	20	21
22	23	24	25	26	27	28
29	30	31				

NOVEMBER 2023

S	M	T	W	T	F	S
			1	2	3	4
5	6	7	8	9	10	11
12	13	14	15	16	17	18
19	20	21	22	23	24	25
26	27	28	29	30		

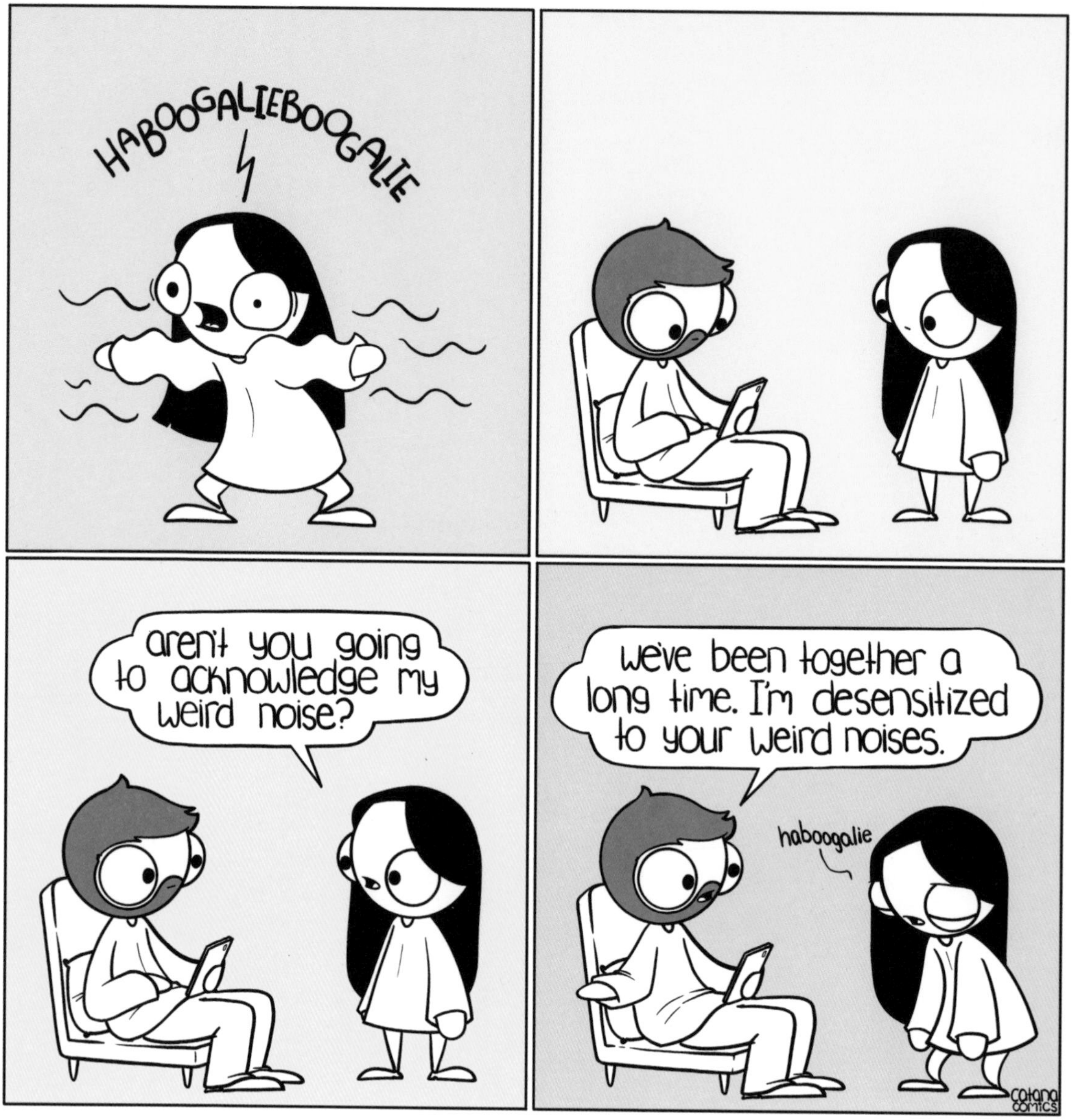
HABOOGALIEBOOGALIE
aren't you going to acknowledge my weird noise?
we've been together a long time. I'm desensitized to your weird noises.
haboogalie
catana comics

TO DO

OCTOBER 2023

MONDAY
23
Labour Day (NZ)

TUESDAY
24
United Nations Day

WEDNESDAY
25

THURSDAY
26

FRIDAY
27

SATURDAY
28
○ Full Moon

SUNDAY
29

OCTOBER 2023
S	M	T	W	T	F	S
1	2	3	4	5	6	7
8	9	10	11	12	13	14
15	16	17	18	19	20	21
22	23	24	25	26	27	28
29	30	31				

NOVEMBER 2023
S	M	T	W	T	F	S
			1	2	3	4
5	6	7	8	9	10	11
12	13	14	15	16	17	18
19	20	21	22	23	24	25
26	27	28	29	30		

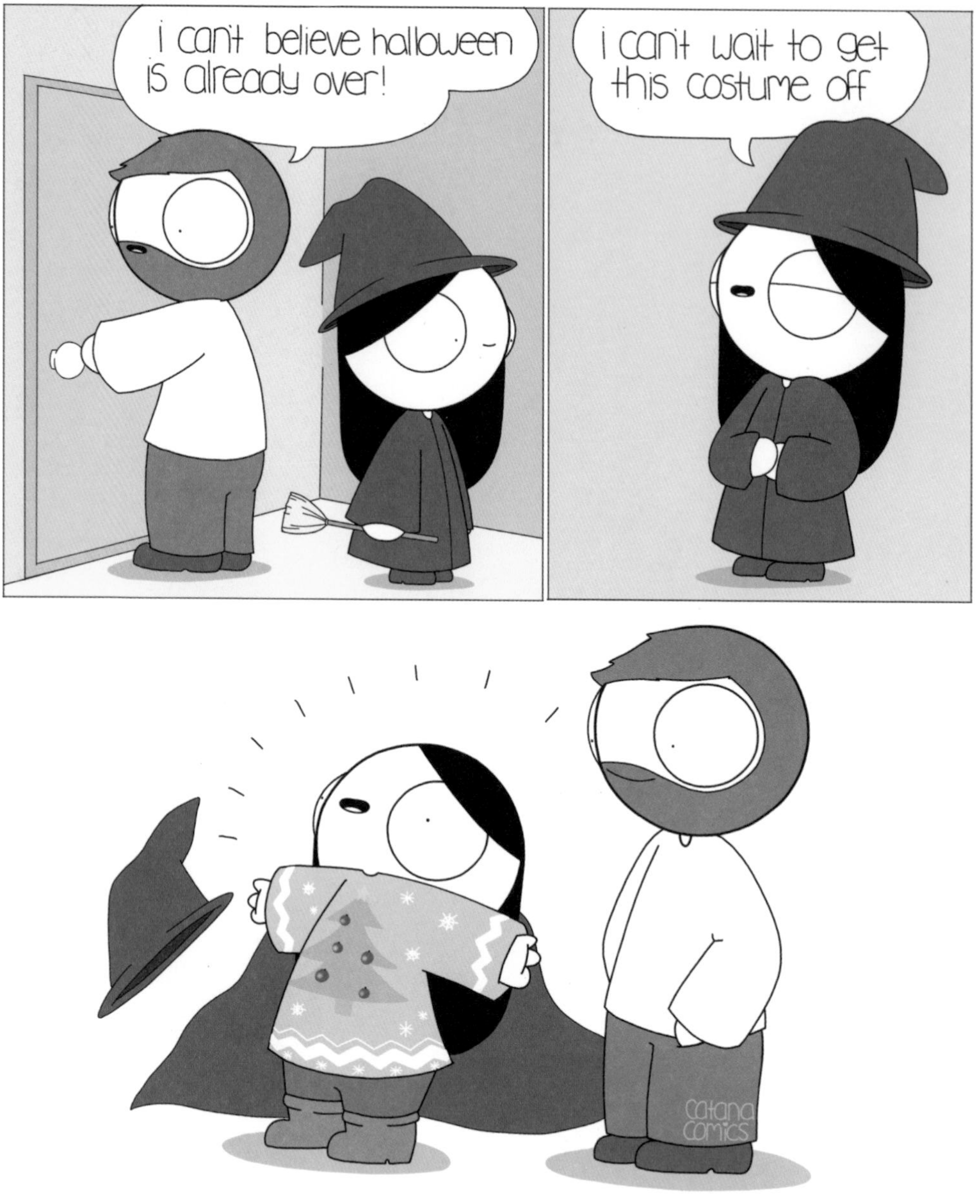
i can't believe halloween
is already over!
i can't wait to get
this costume off
catana
comics

TO DO

OCTOBER–NOVEMBER 2023

MONDAY
30
Bank Holiday (Ireland)

TUESDAY
31
Halloween

WEDNESDAY
1

THURSDAY
2

FRIDAY
3

SATURDAY
4

SUNDAY
5
◑ Last Quarter
Daylight Saving Time
ends (USA, Canada)

OCTOBER 2023

S	M	T	W	T	F	S
1	2	3	4	5	6	7
8	9	10	11	12	13	14
15	16	17	18	19	20	21
22	23	24	25	26	27	28
29	30	31				

NOVEMBER 2023

S	M	T	W	T	F	S
			1	2	3	4
5	6	7	8	9	10	11
12	13	14	15	16	17	18
19	20	21	22	23	24	25
26	27	28	29	30		

"cold hands"

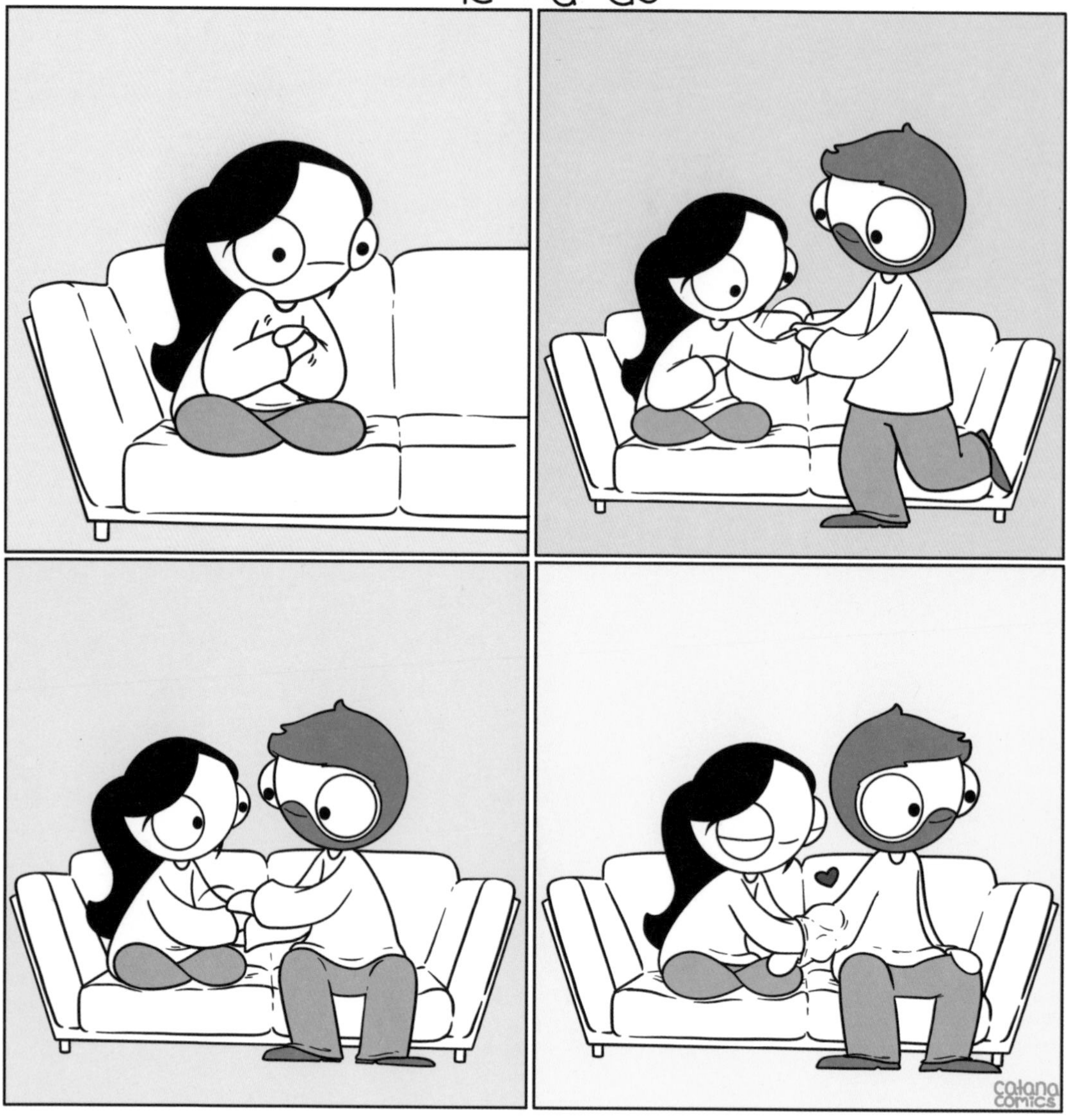
catana comics

TO DO

NOVEMBER 2023

MONDAY
6

TUESDAY
7
Election Day (USA)

WEDNESDAY
8

THURSDAY
9

FRIDAY
10

SATURDAY
11
Veterans Day (USA)
Remembrance Day (Canada, UK, Ireland, Australia)

SUNDAY
12
Diwali
Remembrance Sunday (UK, Ireland)

NOVEMBER 2023

S	M	T	W	T	F	S
			1	2	3	4
5	6	7	8	9	10	11
12	13	14	15	16	17	18
19	20	21	22	23	24	25
26	27	28	29	30		

DECEMBER 2023

S	M	T	W	T	F	S
					1	2
3	4	5	6	7	8	9
10	11	12	13	14	15	16
17	18	19	20	21	22	23
24	25	26	27	28	29	30
31						

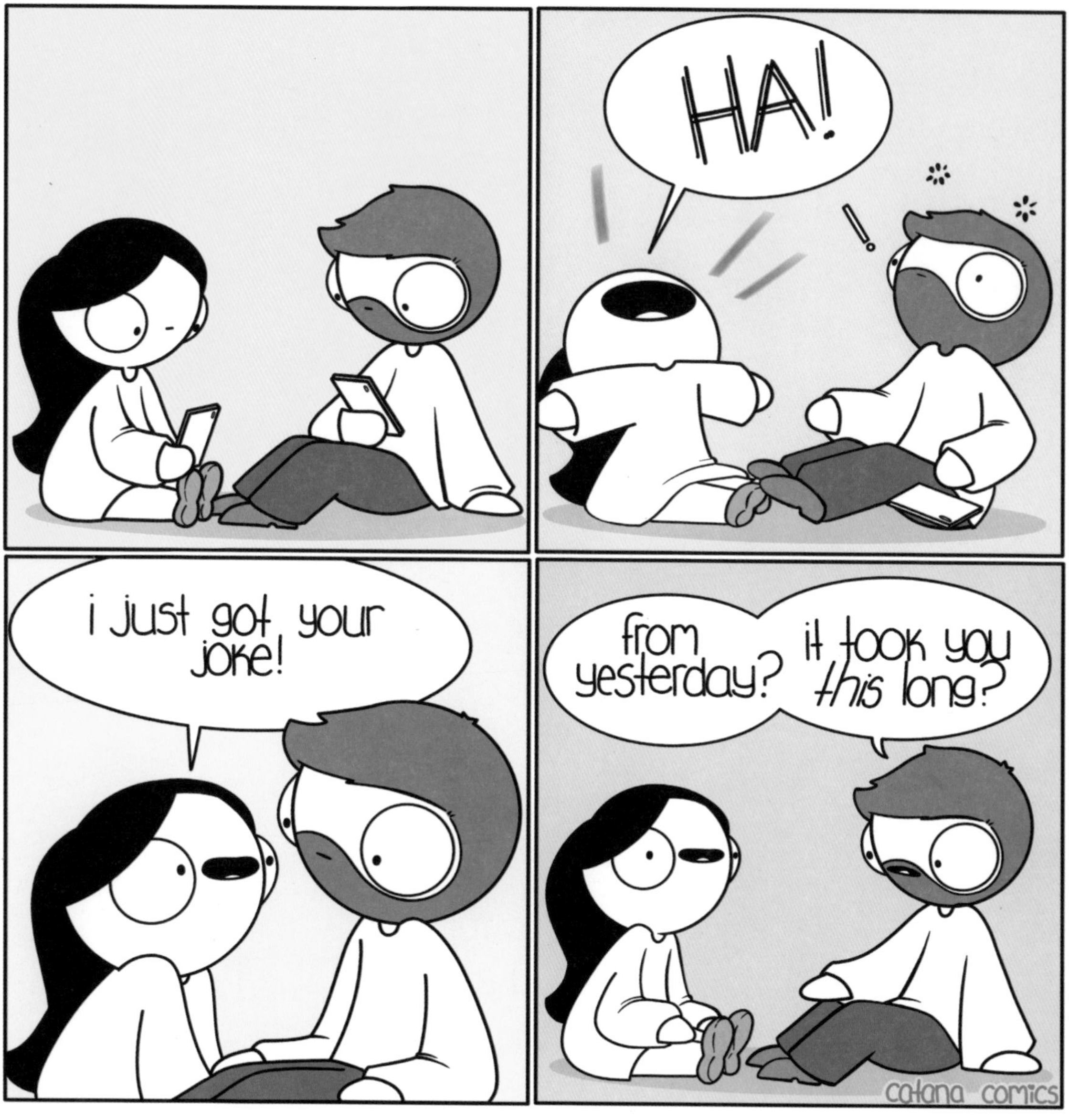
HA!
!
i just got your joke!
from yesterday?
it took you *this* long?
catana comics

TO DO

NOVEMBER 2023

MONDAY
● New Moon
13

TUESDAY
14

WEDNESDAY
15

THURSDAY
16

FRIDAY
17

SATURDAY
18

SUNDAY
19

NOVEMBER 2023

S	M	T	W	T	F	S
			1	2	3	4
5	6	7	8	9	10	11
12	13	14	15	16	17	18
19	20	21	22	23	24	25
26	27	28	29	30		

DECEMBER 2023

S	M	T	W	T	F	S
					1	2
3	4	5	6	7	8	9
10	11	12	13	14	15	16
17	18	19	20	21	22	23
24	25	26	27	28	29	30
31						

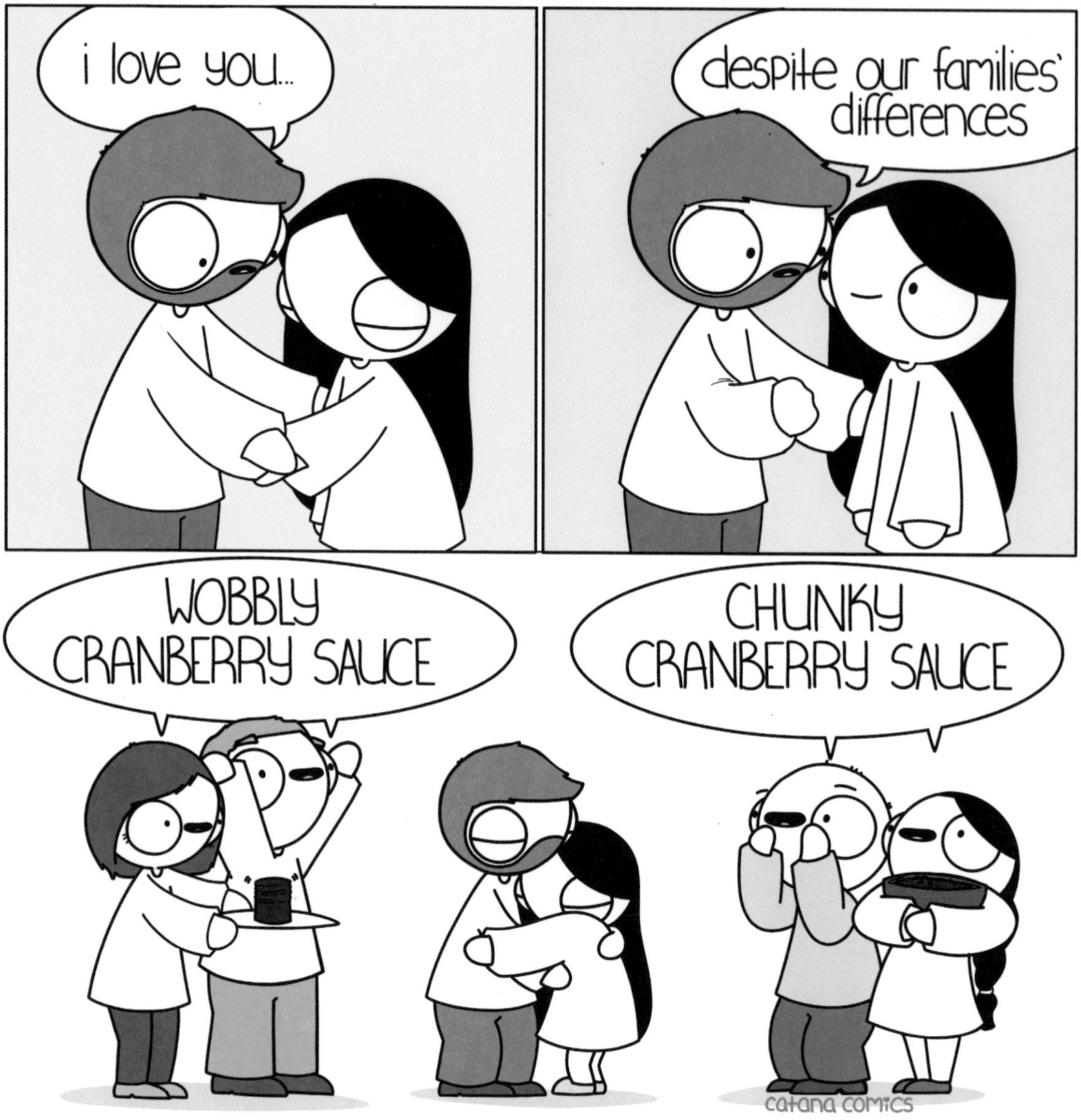

i love you...
despite our families' differences
WOBBLY CRANBERRY SAUCE
CHUNKY CRANBERRY SAUCE
catana comics

TO DO

NOVEMBER 2023

MONDAY
20

◑ First Quarter

TUESDAY
21

WEDNESDAY
22

THURSDAY
23

Thanksgiving (USA)

FRIDAY
24

SATURDAY
25

SUNDAY
26

NOVEMBER 2023

S	M	T	W	T	F	S
			1	2	3	4
5	6	7	8	9	10	11
12	13	14	15	16	17	18
19	20	21	22	23	24	25
26	27	28	29	30		

DECEMBER 2023

S	M	T	W	T	F	S
					1	2
3	4	5	6	7	8	9
10	11	12	13	14	15	16
17	18	19	20	21	22	23
24	25	26	27	28	29	30
31						

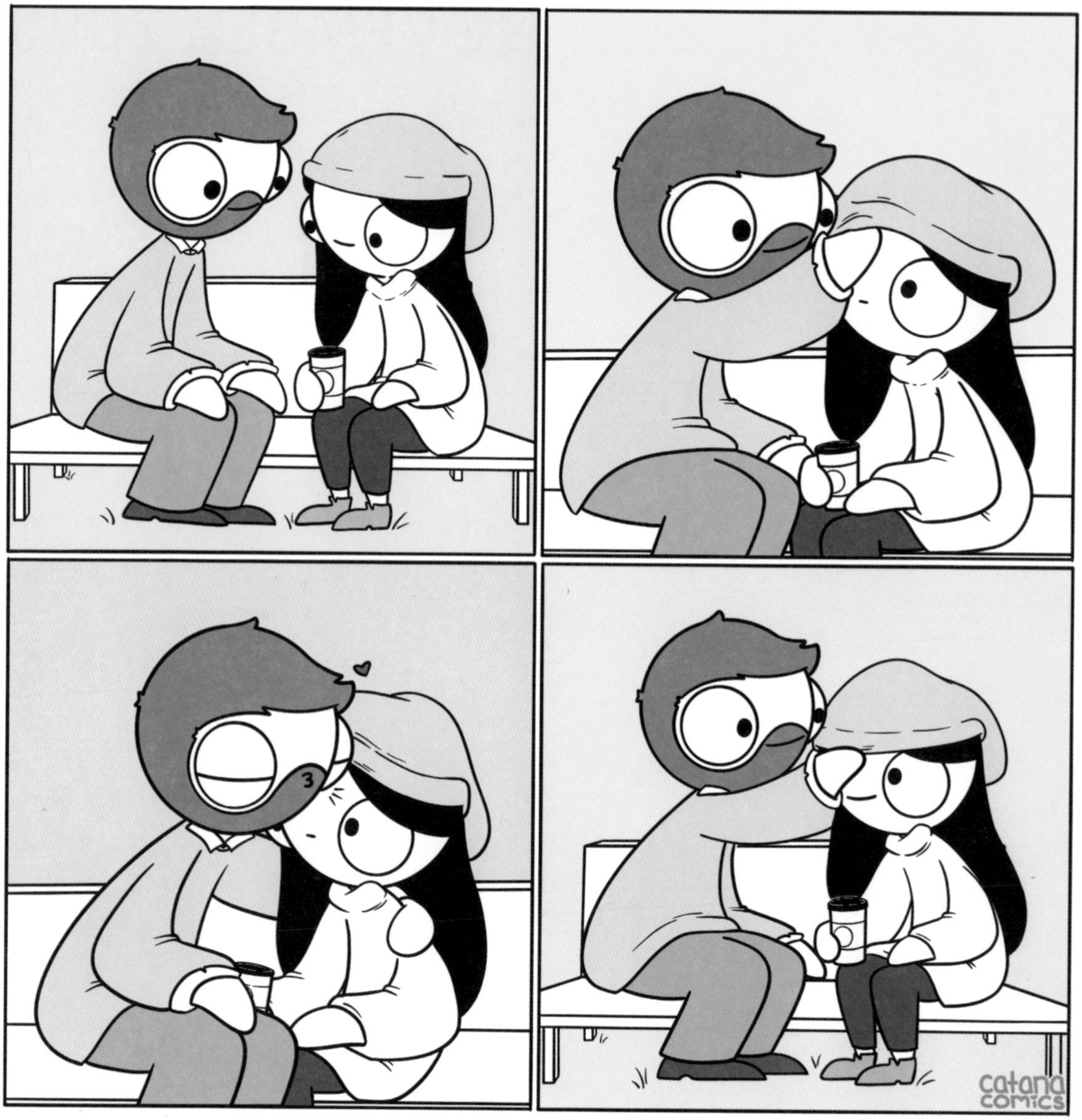
catana
comics

TO DO

NOVEMBER–DECEMBER 2023

MONDAY ○ Full Moon
27

TUESDAY
28

WEDNESDAY
29

THURSDAY St. Andrew's Day (UK)
30

FRIDAY
1

SATURDAY
2

SUNDAY
3

NOVEMBER 2023

S	M	T	W	T	F	S
			1	2	3	4
5	6	7	8	9	10	11
12	13	14	15	16	17	18
19	20	21	22	23	24	25
26	27	28	29	30		

DECEMBER 2023

S	M	T	W	T	F	S
					1	2
3	4	5	6	7	8	9
10	11	12	13	14	15	16
17	18	19	20	21	22	23
24	25	26	27	28	29	30
31						

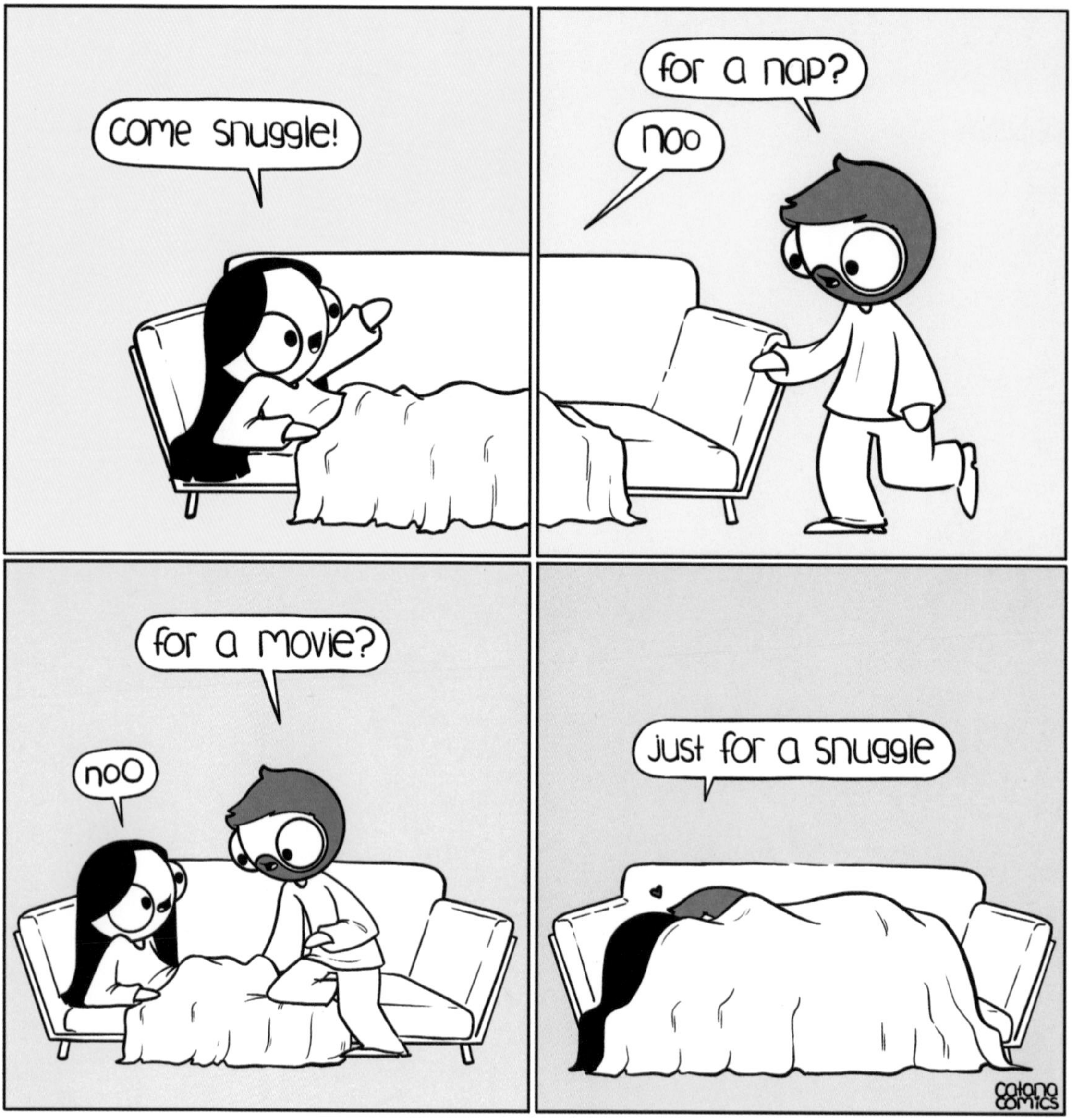
come snuggle!
for a nap?
noo
for a movie?
noO
just for a snuggle
catana comics

TO DO

DECEMBER 2023

MONDAY
4

TUESDAY
5
◑ Last Quarter

WEDNESDAY
6

THURSDAY
7
Hanukkah (begins at sundown)

FRIDAY
8

SATURDAY
9

SUNDAY
10
Human Rights Day

DECEMBER 2023

S	M	T	W	T	F	S
					1	2
3	4	5	6	7	8	9
10	11	12	13	14	15	16
17	18	19	20	21	22	23
24	25	26	27	28	29	30
31						

JANUARY 2024

S	M	T	W	T	F	S
	1	2	3	4	5	6
7	8	9	10	11	12	13
14	15	16	17	18	19	20
21	22	23	24	25	26	27
28	29	30	31			

winter

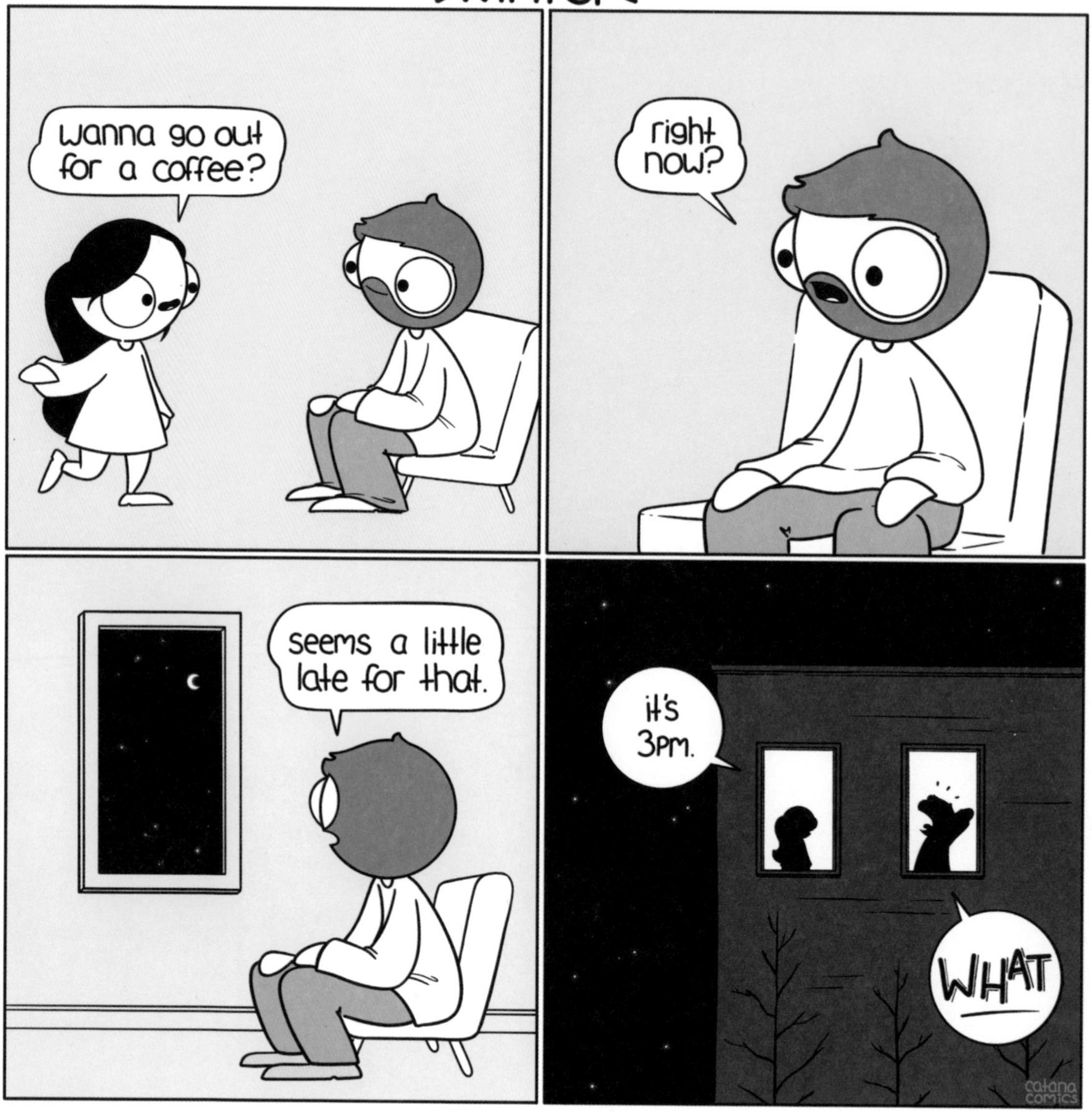
wanna go out for a coffee?
right now?
seems a little late for that.
it's 3pm.
WHAT
catana comics

TO DO

DECEMBER 2023

MONDAY
11

TUESDAY
12

● New Moon

WEDNESDAY
13

THURSDAY
14

FRIDAY
15

Hanukkah ends

SATURDAY
16

SUNDAY
17

DECEMBER 2023

S	M	T	W	T	F	S
					1	2
3	4	5	6	7	8	9
10	11	12	13	14	15	16
17	18	19	20	21	22	23
24	25	26	27	28	29	30
31						

JANUARY 2024

S	M	T	W	T	F	S
	1	2	3	4	5	6
7	8	9	10	11	12	13
14	15	16	17	18	19	20
21	22	23	24	25	26	27
28	29	30	31			

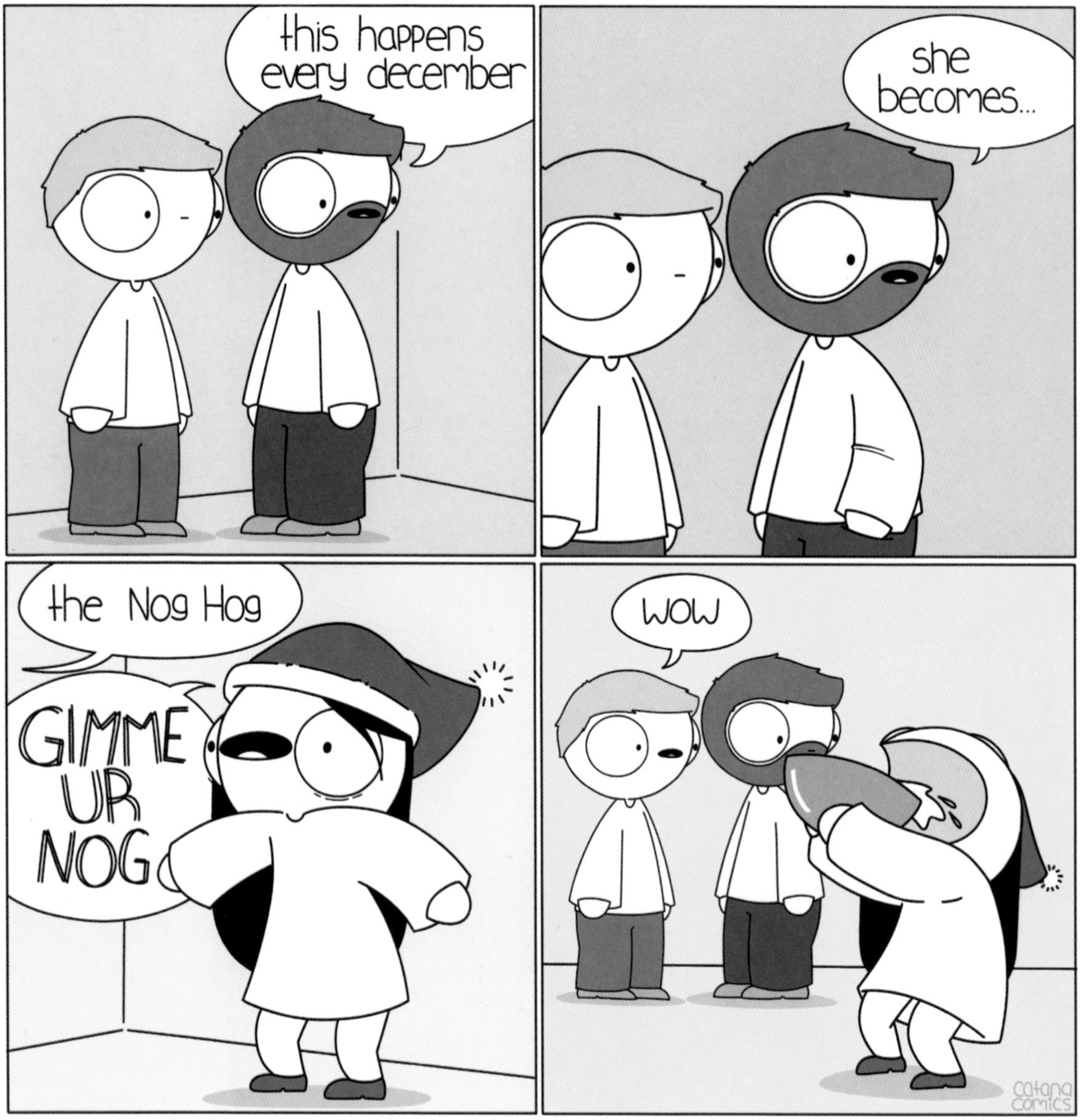

this happens every december
she becomes...
the Nog Hog
GIMME UR NOG
WOW
catana comics

TO DO

DECEMBER 2023

MONDAY
18

TUESDAY
19

◐ First Quarter

WEDNESDAY
20

THURSDAY
21

FRIDAY
22

Winter Solstice

SATURDAY
23

SUNDAY
24

Christmas Eve

DECEMBER 2023

S	M	T	W	T	F	S
					1	2
3	4	5	6	7	8	9
10	11	12	13	14	15	16
17	18	19	20	21	22	23
24	25	26	27	28	29	30
31						

JANUARY 2024

S	M	T	W	T	F	S
	1	2	3	4	5	6
7	8	9	10	11	12	13
14	15	16	17	18	19	20
21	22	23	24	25	26	27
28	29	30	31			

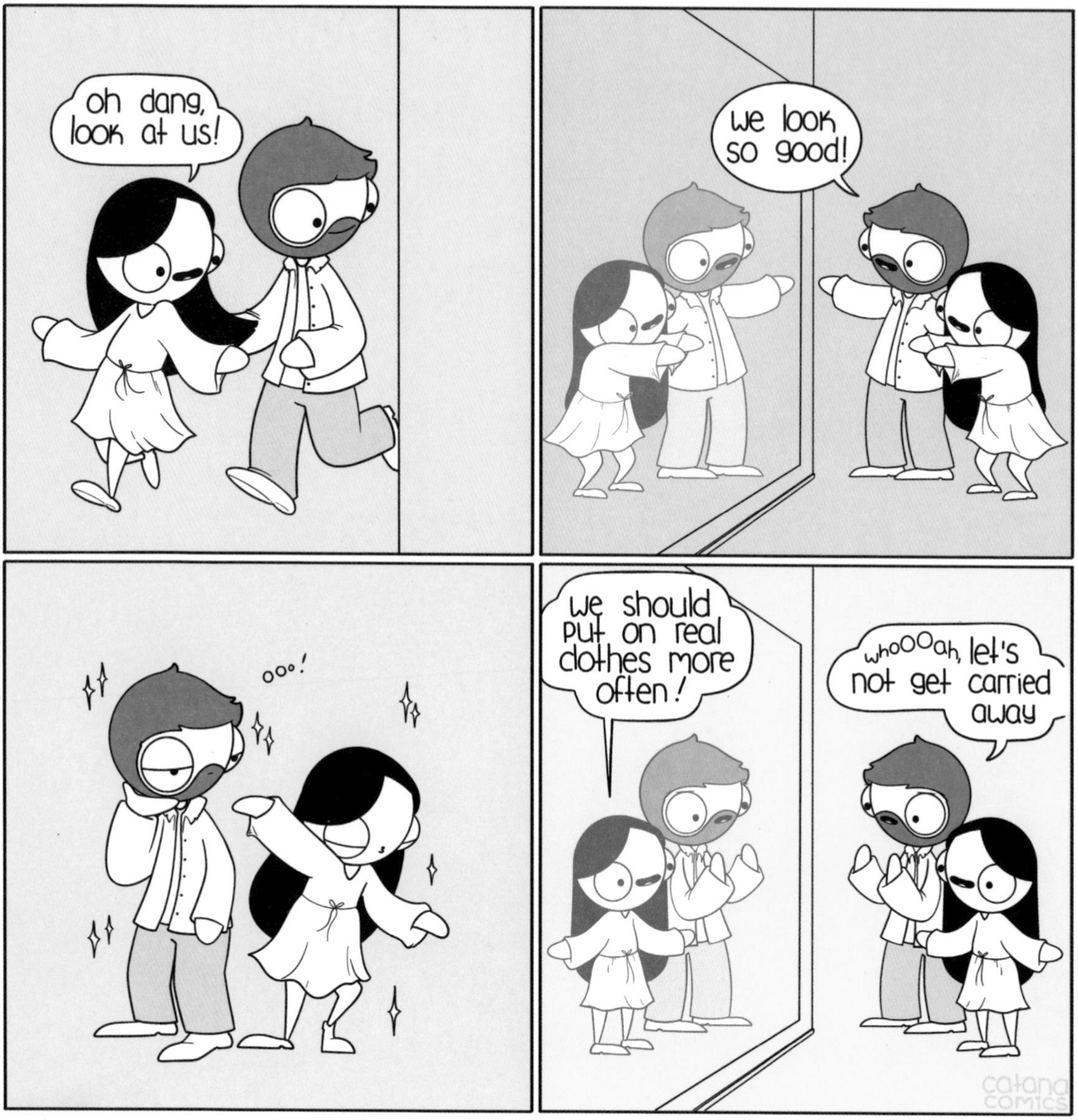
oh dang, look at us!
we look so good!
ooo!
we should put on real clothes more often!
whoOOah, let's not get carried away
catana comics

TO DO

DECEMBER 2023

MONDAY
25
Christmas Day

TUESDAY
26
Kwanzaa begins (USA)
Boxing Day (Canada, NZ, UK,
Australia—except SA)
St. Stephen's Day (Ireland)
Proclamation Day (Australia—SA)

WEDNESDAY
27
○ Full Moon

THURSDAY
28

FRIDAY
29

SATURDAY
30

SUNDAY
31

DECEMBER 2023
S	M	T	W	T	F	S
					1	2
3	4	5	6	7	8	9
10	11	12	13	14	15	16
17	18	19	20	21	22	23
24	25	26	27	28	29	30
31						

JANUARY 2024
S	M	T	W	T	F	S
	1	2	3	4	5	6
7	8	9	10	11	12	13
14	15	16	17	18	19	20
21	22	23	24	25	26	27
28	29	30	31			

2024 PLANNING

JANUARY

FEBRUARY

MARCH

APRIL

MAY

JUNE

2024 PLANNING

JULY

AUGUST

SEPTEMBER

OCTOBER

NOVEMBER

DECEMBER

2022

JANUARY

S	M	T	W	T	F	S
						1
2	3	4	5	6	7	8
9	10	11	12	13	14	15
16	17	18	19	20	21	22
23	24	25	26	27	28	29
30	31					

FEBRUARY

S	M	T	W	T	F	S
		1	2	3	4	5
6	7	8	9	10	11	12
13	14	15	16	17	18	19
20	21	22	23	24	25	26
27	28					

MARCH

S	M	T	W	T	F	S
		1	2	3	4	5
6	7	8	9	10	11	12
13	14	15	16	17	18	19
20	21	22	23	24	25	26
27	28	29	30	31		

APRIL

S	M	T	W	T	F	S
					1	2
3	4	5	6	7	8	9
10	11	12	13	14	15	16
17	18	19	20	21	22	23
24	25	26	27	28	29	30

MAY

S	M	T	W	T	F	S
1	2	3	4	5	6	7
8	9	10	11	12	13	14
15	16	17	18	19	20	21
22	23	24	25	26	27	28
29	30	31				

JUNE

S	M	T	W	T	F	S
			1	2	3	4
5	6	7	8	9	10	11
12	13	14	15	16	17	18
19	20	21	22	23	24	25
26	27	28	29	30		

JULY

S	M	T	W	T	F	S
					1	2
3	4	5	6	7	8	9
10	11	12	13	14	15	16
17	18	19	20	21	22	23
24	25	26	27	28	29	30
31						

AUGUST

S	M	T	W	T	F	S
	1	2	3	4	5	6
7	8	9	10	11	12	13
14	15	16	17	18	19	20
21	22	23	24	25	26	27
28	29	30	31			

SEPTEMBER

S	M	T	W	T	F	S
				1	2	3
4	5	6	7	8	9	10
11	12	13	14	15	16	17
18	19	20	21	22	23	24
25	26	27	28	29	30	

OCTOBER

S	M	T	W	T	F	S
						1
2	3	4	5	6	7	8
9	10	11	12	13	14	15
16	17	18	19	20	21	22
23	24	25	26	27	28	29
30	31					

NOVEMBER

S	M	T	W	T	F	S
		1	2	3	4	5
6	7	8	9	10	11	12
13	14	15	16	17	18	19
20	21	22	23	24	25	26
27	28	29	30			

DECEMBER

S	M	T	W	T	F	S
				1	2	3
4	5	6	7	8	9	10
11	12	13	14	15	16	17
18	19	20	21	22	23	24
25	26	27	28	29	30	31

2024

JANUARY

S	M	T	W	T	F	S
	1	2	3	4	5	6
7	8	9	10	11	12	13
14	15	16	17	18	19	20
21	22	23	24	25	26	27
28	29	30	31			

FEBRUARY

S	M	T	W	T	F	S
				1	2	3
4	5	6	7	8	9	10
11	12	13	14	15	16	17
18	19	20	21	22	23	24
25	26	27	28	29		

MARCH

S	M	T	W	T	F	S
					1	2
3	4	5	6	7	8	9
10	11	12	13	14	15	16
17	18	19	20	21	22	23
24	25	26	27	28	29	30
31						

APRIL

S	M	T	W	T	F	S
	1	2	3	4	5	6
7	8	9	10	11	12	13
14	15	16	17	18	19	20
21	22	23	24	25	26	27
28	29	30				

MAY

S	M	T	W	T	F	S
			1	2	3	4
5	6	7	8	9	10	11
12	13	14	15	16	17	18
19	20	21	22	23	24	25
26	27	28	29	30	31	

JUNE

S	M	T	W	T	F	S
						1
2	3	4	5	6	7	8
9	10	11	12	13	14	15
16	17	18	19	20	21	22
23	24	25	26	27	28	29
30						

JULY

S	M	T	W	T	F	S
	1	2	3	4	5	6
7	8	9	10	11	12	13
14	15	16	17	18	19	20
21	22	23	24	25	26	27
28	29	30	31			

AUGUST

S	M	T	W	T	F	S
				1	2	3
4	5	6	7	8	9	10
11	12	13	14	15	16	17
18	19	20	21	22	23	24
25	26	27	28	29	30	31

SEPTEMBER

S	M	T	W	T	F	S
1	2	3	4	5	6	7
8	9	10	11	12	13	14
15	16	17	18	19	20	21
22	23	24	25	26	27	28
29	30					

OCTOBER

S	M	T	W	T	F	S
		1	2	3	4	5
6	7	8	9	10	11	12
13	14	15	16	17	18	19
20	21	22	23	24	25	26
27	28	29	30	31		

NOVEMBER

S	M	T	W	T	F	S
					1	2
3	4	5	6	7	8	9
10	11	12	13	14	15	16
17	18	19	20	21	22	23
24	25	26	27	28	29	30

DECEMBER

S	M	T	W	T	F	S
1	2	3	4	5	6	7
8	9	10	11	12	13	14
15	16	17	18	19	20	21
22	23	24	25	26	27	28
29	30	31				

NOTES

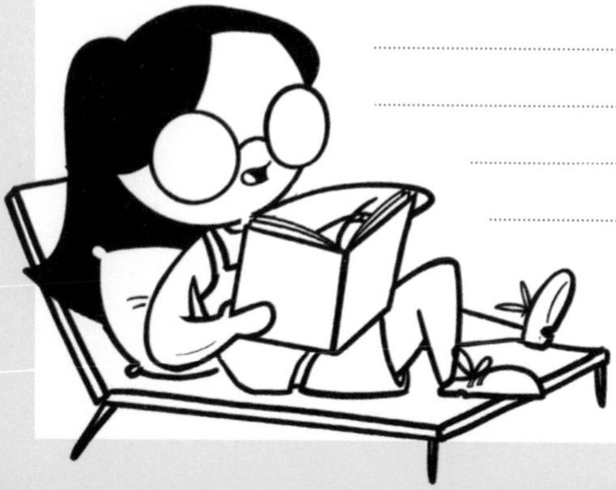

NOTES

NOTES

NOTES

NOTES

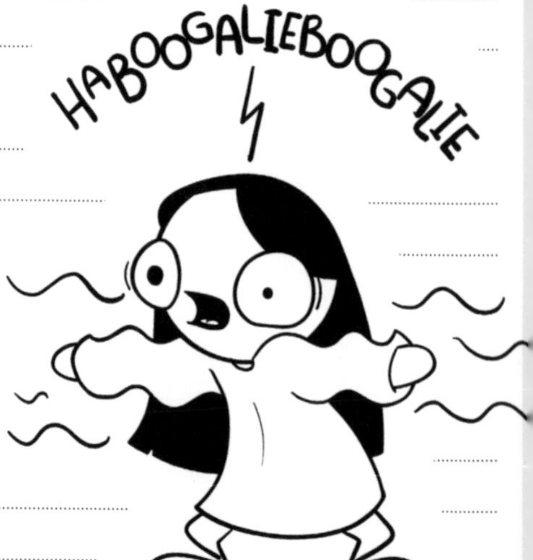
HABOOGALIEBOOGALIE

NOTES

NOTES

NOTES

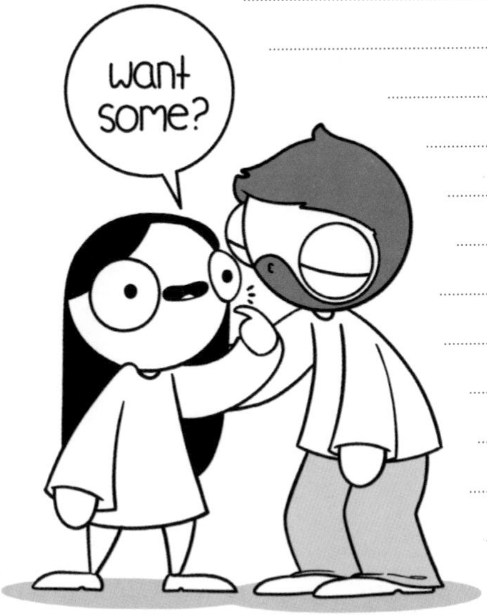
want
some?

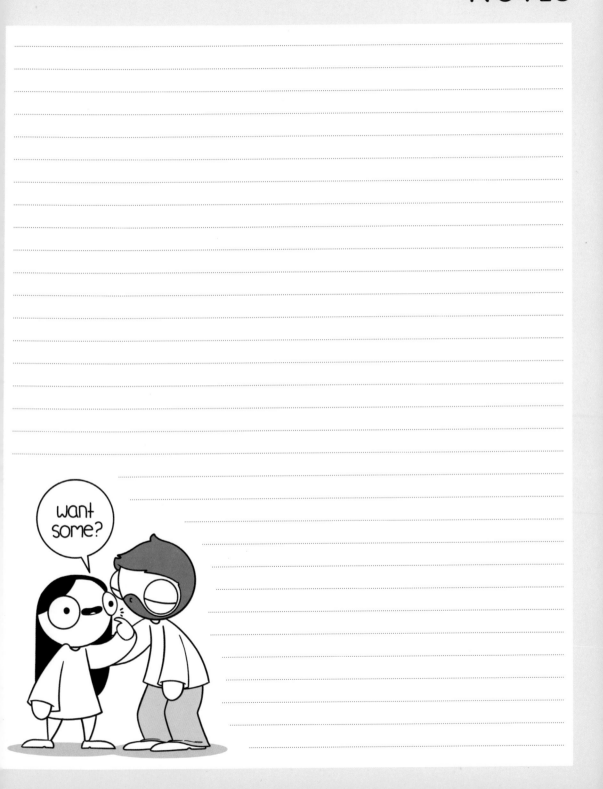

NOTES

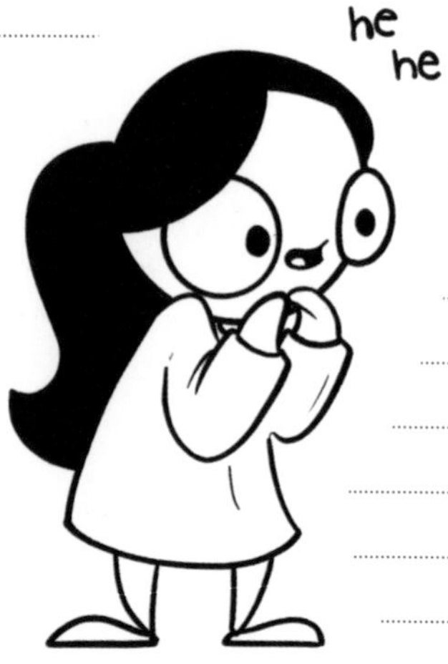
he
he

NOTES

NOTES

NOTES

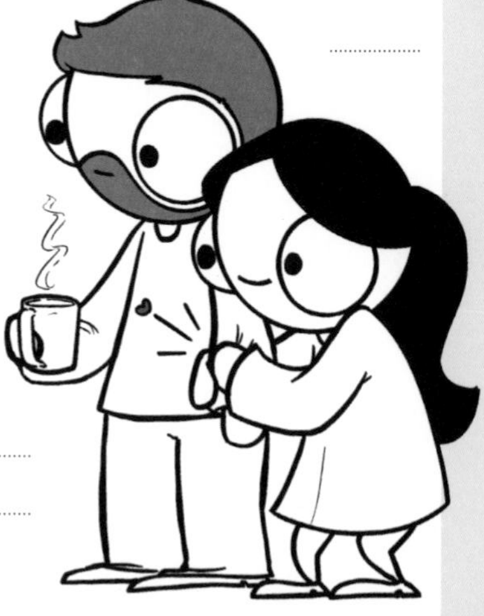

NOTES